吴小龙 著

负重与逍遥

先秦儒道二家
道德观念的辩证

中華書局

图书在版编目(CIP)数据

负重与逍遥:先秦儒道二家道德观念的辩证/吴小龙著. —北京:中华书局,2023.1
ISBN 978-7-101-15958-5

Ⅰ.负… Ⅱ.吴… Ⅲ.①儒家-道德观念-研究-先秦时代 ②道家-道德观念-研究-先秦时代 Ⅳ.B220.4

中国版本图书馆 CIP 数据核字(2022)第 192580 号

书　　名　负重与逍遥——先秦儒道二家道德观念的辩证
著　　者　吴小龙
责任编辑　高　天
责任印制　管　斌
出版发行　中华书局
　　　　　(北京市丰台区太平桥西里 38 号　100073)
　　　　　http://www.zhbc.com.cn
　　　　　E-mail:zhbc@zhbc.com.cn
印　　刷　三河市中晟雅豪印务有限公司
版　　次　2023 年 1 月第 1 版
　　　　　2023 年 1 月第 1 次印刷
规　　格　开本/787×1092 毫米　1/32
　　　　　印张 8¼　插页 2　字数 150 千字
国际书号　ISBN 978-7-101-15958-5
定　　价　58.00 元

献给我的父母和家人

序

1

道德，是维持人类社会的一个基本前提，也是一门“玄学”。

它最为普通和日常，就像空气和水一样无处不在，穿透所有缝隙，弥漫所有空间，习焉不察地渗入乃至左右我们生活的方方面面，拂之不去。然而，它又了无痕迹，我们凭借肉眼乃至一切工具都无法一窥其究竟，面对它，科学方法失效，进化论无能，它似乎在开端处就已自我完成，并且不需要革新。

不过，它似乎并未为其他任何生物所共享，它穿透幽暗的世界，成为人类独享的尊荣。在生活中，它是通向秩序的一种轨范，一种准则，一种律令，乃至化为风俗和习惯；它强力地吸引你服从它，倘若你忽视、违背它，它将以极其严重的后果报复。也因此，它似乎像一种捆绑，一种约束，一种对自由的冒犯；它还像一种老生常谈，一种古老的常识，为科学和审美的探知划界——

道德之善，对于真和美而言，有着绝对的优先性。它如同一种无可奈何的就范，缺了它，世界秩序就不复存在，人类社会就将崩塌。

而一经深入，我们就会发现，这个如同冰冷的自然法则一般让人无法逃离的磁场，也意味着魔力：那日常的行为规范，恰恰是道德含义的冰山一角！在中西方哲学家中，关于它，我们可以发现无数更丰富、更多维的经典论述，它不仅作为一种约束、规范存在于社会生活中，更涉及人的自我成长和完成，关乎人的心灵，寄寓着崇高的感情，人们奉之为神圣。比如以下两则：

> 有两样东西，越是经常而持久地对它们进行反复思考，它们就越是使心灵充满常新而日益增长的惊叹和敬畏：我头上的星空和我心中的道德法则。[1]
>
> ——康德

> 肫肫其仁！渊渊其渊！浩浩其天！
>
> ——《中庸》

[1] 康德：《实践理性批判 判断力批判》，李秋零译，《康德著作全集》第5卷，北京：中国人民大学出版社，2013，第169页。

这两段引文，乍看有着惊人的相似性：康德所说的“头上的星空”与《中庸》所说的“天”，都是外在的，超越于我们的实存；而“道德法则”与“仁”，则都是属人的，内在于我们的心灵。最为重要的在于：康德“头上的星空”和“心中的道德法则”的并立，《中庸》“天”和“仁”的并立，二者都将属人的道德视为超越于我们的无上的存在！对于冷静和克制的康德，对于文字洗练的中国经典，这种饱含浓烈感情、带着无限敬畏的表述都极为难得！事实上，后者已成为中华醒世格言，而前者则成为铭记康德一生事业的墓志铭！

所以，在中西哲人那里，道德已经绝然不同于我们一般的认知了，它并非卢梭所认为的那样，是一种弥补人性丑陋的消极的外在契约，是维持利维坦一般的庞大机器的一部分。它并非一种简单的外在、被动、经验意义上的规范，它更不是我们希冀挣脱的约束、捆绑、自由的反面。就像康德和《中庸》所说，它如同浩渺、深邃的星空，宽广而超越！它的无迹可寻却又无处不在、它日常却又不可更改的神圣性——它的同一性、连续性、普遍性，弥合了历史主义、怀疑主义和虚无主义的深渊，因此，从古至今，人们都希冀着洞穿它的密码。

事实上，道德关联着诸多问题，如同上面说的，作用于人们日常生活的、作为规范的道德，与那带给人崇高感和敬畏感的道德，是同一的吗？或者就像西方施特劳斯学派所提出的，道德，究竟是“自然法”（natural law）还是不同时代的习俗规约？是先天永恒的还是随着时代而不断变化？与道德观念相关，西方所说的从“自然法”（natural law）、“自然权利”（natural rights）到“人的权利”（human rights）的变化，其中究竟发生了什么？显然，我们需要更多的区分，需要进一步的追问，如引文中这种表面上的“惊人的相似性”，康德（以及他所代表的西方文化）和《中庸》（以及它所代表的中国文化）的道德概念是同一的吗？天与道德的并立究竟是一种怎样的并立？它们是相同的还是有着根本的差异？

我们需要追问其中具体而复杂的内在关系。

2

我们先来看康德。在他这里，道德是人之为人的规定，因为道德，才有了他的“人是目的”的著名论断。然而，外在星空与内在道德的并立，是在西方的“二分法”中进行界定的——即宇宙论和伦理学的二分，存有原理和应然原理的二分；就康德自己的概念而言，则是纯粹理性（一般所谓认识论）和实践理性（一般所谓伦理学）的区分。不管“星空”与“道德法则”会唤起怎样令人“惊叹和敬畏”的感情，它们终归不是同一的，不可打通。

而这种不可打通乃至断裂，在西方哲学史上有着一以贯之的传统，虽然其中有过一些夹杂、缠绕，然而总体的脉络却是清晰的。它从古希腊开始就奠定了基础。

在前苏格拉底的自然哲学家那里，他们就像人类刚刚睁开眼睛充满“震惊”地看世界，因此更多关心“万物从何而来？”“万物由什么构成？”“我们如何解释自然事物的多元性？”等类似宇宙论、自然论和本体论（存有论）的问题，它们关乎世界本源、宇宙秩序、究极存在、万物生成与组织的法则。在他们那里，人是属于自然和宇宙的一部分，自然、宇宙的构成法则与人自身息息相关，所以，在研究自然、宇宙之规律和法则的同时，他们也将人以及人类社会纳入其中，由此提出人的行为以及社会组织运行的方式应该遵循的法则。虽然他们的目光更多专注于自然、宇宙，但对于他们来说，这样以宇宙的法则来试图指导行动、组织人的生活无疑具有重要意义——因为，人作为被生的一部分，自然宇宙之根源与本质也是人的根源和本质，自然宇宙运行之法则，也是人的行动和社会运行之法则。这种自然宇宙与人的关系，虽然在自然哲学家那里文字并不多，但却极端重要！（在中国哲学那里，我们将看到它们之间的关系是如何深化的。）

这种自然宇宙与人和社会之间的内在关系，原本是可能产生诸多可能性的生长点，然而，它在苏格拉底那里被阻断了，而吊诡的是，其理由恰恰是对社会和人的极端重视。苏格拉底认为，对于自然、宇宙真理的追求是无穷无尽的、外在的，而重要的是人和人的生活、认识人生应该追求什么，以及如何获取真正的幸福，但这些与人对自然、宇宙真理的知识是无直接关联的，自然、宇宙的知识无法让人获得关于生活的指导和智慧。于是他转而追求人类生活幸福的最高善的指导——寻求理性行为的判断基础，一种确定的、永恒的真理。这就是苏格拉底从对自然的研究转向对人和社会的研究，也就是“心灵的转向”，即后来人们常说的，将哲学从天上拉回到人间。他引用德尔菲阿波罗神庙所镌刻的那句神谕来呼吁世人，“认识自己”，旨在希望人们能通过对心灵的关怀而追求德行，并由此提出了“美德即知识”的著名命题，哲学的任务也因此展开：说服人们不要专注于身外之物，而应该去改造自己的灵魂，追求真理和智慧，成为道德完善的、真正的人。

苏格拉底让西方哲学的方向发生了重要转变，道德生活变得极端重要，而之前的自然哲学、宇宙论，以及市民宗教哲学则旁落，从“星空”转向了“自己”“心灵”和“道德”，这是一个重要的哲学史事件。但从此，这种努力也将前苏格拉底时代哲学家试图将宇宙本体论与人的行为联系起来的努力割断了。问题是，这个源自自我的最高善的观念，如何获得客观性呢？在柏拉图那里，这种内在的善成为一种理型，最终发展为如同几何图形一样的外在的东西，变得可疑。

到中世纪，这种客观性又从宗教那里找了回来。彼时，世俗生活从属于教会的权威，道德哲学主要由神职人员以及宗教哲学家来操作，为了满足实践中对于道德神学的需要，解决道德客观性和可靠性的问题，责任和义务于是建立在神法的基础上。道德，成了神所创的律法的衍生物——上帝拥有至高无上的理性，而律法与道德都得自他神圣的规定和定准。这种处理道德问题的方式，在当时主要是出于宗教的需要，因此似乎显得独断以及简单粗暴，然而，这种诉诸上帝的道德标准，从哲学上来说，显然也触及了一个重要问题，那就是：植根于人内在人性与情感中的道德，是确定、稳定以及永恒的吗？还是在不同的时代环境，会随着不同的人、不同的实践和经验而变化？如果是后者，如何保证它的稳定有效？而如果是前者，其稳定性又是从哪里获得的？

于是我们看到，在前苏格拉底时代自然哲学家试图从自然宇宙的生成与运动法则中获取生活的规范，遭遇苏格拉底“心灵的转向”的失败后，为了让道德获得稳定性，中世纪的思想者又从宗教信仰中，让道德与上帝建立起了关系。近现代以来不少哲学家的道德哲学，在很大程度上仍然离不开这种思路。比如巴特勒便认为，良知是我们的指导，但是是上帝造就了我们的良知，我们依此而行动。莱布尼茨则基于此，提出了他的形而上学的至善论，对他来说，上帝是绝对完善的存在，在智慧和善方面都是完善的，罗尔斯对其概括道："在宇宙中存在一个由神圣的自然（在莱布尼茨那里）所决定和赋予的道德秩序，一个先于并独立于我们、从神圣的完善中流射出的秩序，这个秩序为人类德性规定了恰当的道德理想和观念，以及正当和公正的原则之基础。"[1]

与此同时，因为基督教对于人的道德职责和义务获取的方式——没有神启我们便无法获得道德，获得道德原则的权利归于少数人（一般为神职人员）的教导，于是，近现代另一些哲学家开始反弹。他们认为，这种道德哲学诉诸外在的对象，是道德主体（人）所无法主宰的，于是他们希望建立一个独立于教会权威的道德知识基础，也就是，道德可以被有理性和有良知的普通人获得，道德的来源不是宗教的上帝和教会权威，而是人内在的良知，来源于人的天性。这种能力是人的理性的能力。当然，道德基础经过"自然宇宙—人—上帝—人"的一波三折，近现代的道德哲学变得十分精巧，对于道德是内在还是外在（来源、根据）的、变动还是稳定（稳定性）的、先天还是后天的等问题，有了不同的处理方式。比如在休谟那里，就区分了自然理性（先天具有）和人造理性（后天形成），最重要的是他否定了中世纪的自

[1] 约翰·罗尔斯:《道德哲学史讲义》，顾肃、刘雪梅译，北京：中国社会科学出版社，2012，第95页。

然法、神法学说，而将道德视为人所特有的自然心理的构成，这样，道德也获得了它的先天性和稳定性。

也就是在这个意义上，康德接续休谟的这种自然心理的构成，从人的内在性出发，同时又避免因人的主观方面的原因——自然欲望、利益、情感、偏好等源自经验的“不纯粹”原因，可能导致的道德的不确定性。康德试图撇开经验所带来的麻烦，肃清来自休谟等哲人的来自经验的道德怀疑论，同时，避免古希腊自然哲学家从外在世界（自然宇宙）以及中世纪宗教哲学家从至高无上的上帝获得道德的根据，从而造成人本身的旁落，以此来建立道德的确定性、稳定性，从事他“纯粹实践理性”的批判任务，将道德纳入其庞大而精密的“先验体系”中，坚持道德律的先天性和纯粹性，提出他的先验的道德法则。

然而，作为一个不可知论者，一个为了树立人的地位而将上帝摒除在自己的哲学体系外的哲学家，康德在他的实践哲学中最后又无可奈何地将上帝拉了回来。他认为，道德哲学本身并不需要宗教，但道德必然导向宗教，这是因为，道德还不能说是至善（完全的善），只有道德与幸福（世俗的幸福）的结合才是至善。道德法则必然指向德福一致的至善，但它的实现却为我们人力所不能及，我们虽然能自主地追求道德，但幸福的获得却服从自然规律（请注意我们在前面提到的，前苏格拉底哲学家试图将自然与人的行动建立关系的努力），并不能在经验世界中实现，于是康德提出了三个道德公设，第三个公设就是上帝存在。康德认为：只有设想超出经验世界，信仰一个全能的、公正的、作为道德立法者的上帝，才能保证道德与幸福在彼岸的结合。于是，不可能在理论上得到证明的上帝，由于实践理性的需要而被假设为必然要存在的，所以，这种宗教就是“道德的宗教”。

概括言之，从两千多年的历史来看，西方的道德哲学争论的问题，并非道德的内容——关于责任、义务等首要原则，哲学家们对此并未产生大的分歧，没有人反对忠诚、诚实、仁慈、诚信等德性，他们争论的关键在于道德建立于何种基础之上，人如何知道它、如何去行动。于是有了诸多分歧。而这种分歧，在西方世界中，主要表现为人的自由理性、内在道德与宇宙本体之间的割裂；为了弥合其中的裂隙，建立道德的连续性，西方设置了上帝的存在，成为西方文明的一个重要组成部分。

也许，西方道德最完整的弥合形态，便是康德的“道德的宗教”，然而，人头上的“星空”和人内心的“道德法则”，终归分属完全不同的世界。由此，在这个视野中，自然、宇宙（那个超越的外部世界）与人，神圣性与人，彻底隔绝。人是被上帝抛弃的孤儿，是有罪之身或怀抱道德自由的赤子，在世界上孤独地流浪。

3

我们看到，在西方两千多年道德哲学的发展中，一直是在两条线索上的摇摆：一方面，是从超越性出发（自然宇宙本体以及上帝），希望为道德的稳定性奠基；另一方面，是从内在性出发，希望人能自做主宰，把握自己的道德理性。在这两条线索的发展中，为了克服彼此的弊端，在有的哲学家那里，两者开始相互接近，比如在康德这里，他试图从人的内在出发，尝试建立一种先验、纯粹的道德结构，并且，最后还提出了上帝存在的道德公设。在康德这里，为超越性搭桥的就是宗教，宗教对于解决道德问题产生了关键作用。

然而，不管如何，在西方道德哲学中，“上帝的归上帝”，人的归人，超越性并没有被真正内在化，两条线路最终还是没有打通。在这种断裂下，中世纪及之前的道德哲学与西方现当代道德哲学，出现了两种完全不同的面向：前者追问一条通往最高善之路，考察德性、德行（如勇敢、节制、智慧、正义等）如何与最高善联系在一起，因此往往注重无限责任和义务；而后者，则注重为权威划界，注重个人权利、个人自由，处理了这个问题之后，才将注意力转向由这些规定允许我们追求和珍视的那些善上。现当代哲学的这种面向，导致最高善的旁落。正如施特劳斯学派所担心的那样，从“自然法”（natural law）到“自然权利”（natural rights）再到“人的权利”（human rights），其实是一个从“最高善高于权利”到“权利高于最高善”的没落的过程，也是一个最高善的遗失的过程，最后演变为一种历史主义，导致连续性、同一性、稳定性的旁落，导致一切所谓历史、世界、人，都是断裂的、破碎的、残片式的，一切都只不过是偶在而已。它“无情地冲刷着人心原有的深度、厚度和浓度，导致人类生活日益平面化、稀释化和空洞化。这就是施特劳斯所谓的‘西方文明的危机’和‘现代性的危机’”[1]，这后果当然是严重的。

前文我们引用康德和《中庸》，恰在于它们是对这种生活日益平面化、稀释化和空洞化，以及历史、世界、人的断裂、破碎的纠偏和对治，它们对超越性以及人的内在道德的敬畏意识，在态度上有着高度的一致。因为只要超越性还存在，道德等终极价值还存在，世界就是有希望的。但是正如我们通过上面的分析看到的，康德系统终究属于西方世界，因为超越性与内在性的根本断裂，最终康德也未能解决这世界的无望。中西方的道德哲学中，康德哲学与中国哲学极为相似，那么，在《中庸》以及中国哲学这里，这个问题可以解决吗？西方的根本断裂在中国哲学这里可

[1] 列奥·施特劳斯:《自然权利与历史》，彭刚译，北京：生活·读书·新知三联书店，2006，第12页。

以弥合吗？于是，对于前面的引文，我们就可以更深入地问:《中庸》中的“仁”与“天”的并立，与康德所说的“心中的道德法则”与“头上的星空”分裂隔离的并立，是一样的吗？

其实，中国经典中与《中庸》类似的表述比比皆是，比如《说卦传》:“立天之道曰阴与阳，立地之道曰柔与刚，立人之道曰仁与义。兼三才而两之，故《易》六画而成卦……”前三句与《中庸》引文的句式同出一辙，是同一个模型。提醒我们注意中国哲学与康德哲学的区别处，在于后半句中的“三才”，在《周易》中，天、地、人谓之“三才”，上是天，下是地，中间是人。人位于天地之间，其地位可见一斑,《中庸》对此表述得更为具体:“唯天下至诚，……能尽人之性；……可以赞天地之化育，则可以与天地参矣。”于此可见，在《中庸》中，人与天、“星空”并非彼此隔绝的，人是可以参与到天地化育万物的生成过程中的，人与天地并立、同一，是“与天地参”的。如此，则《中庸》里的三个句子是一种互文，而非康德引文中的隔离的并列。

让我们继续关注人“与天地参”的这一“化育”，人是基于此“化育”——也就是《周易》所谓的天道“生生不息”之“生”，“天地之大德曰生”之“生”，于此一“生”字，谓人与天地的同一性。这里的“生”，是对宇宙生成、万物创生的阐述说明（我们看到，中国哲学在“逻辑起点”上，与古希腊前苏格拉底哲学家的“自然哲学”颇为类似，它们都是关于宇宙创生和世界本体的，只是后面发生了歧出）。然而，自然宇宙可以谈论“生”，那人的这一“生”字怎么理解？换个说法就是，人是依靠什么实现“与天地参”呢？

古代儒者对此有着清晰的界定。孔子说：“志于道，据于德，依于仁，游于艺。”（《论语 · 述而》）也就是，人行动的标准和根据就在于道德，道德仁义是人生的依凭和最终根据，具有至高无上的地位。孟子进一步发挥这个“据”和“依”字，将“仁”作为人安身立命的房屋，将“义”作为人言行举止的必由之路：“仁，人之安宅也；义，人之正路也。”（《孟子 · 离娄上》）并将这种先天赋予人的道德尊为“天爵”，以与后天赋予人的官职“人爵”对比：“有天爵者，有人爵者。仁义忠信，乐善不倦，此天爵也；公卿大夫，此人爵也。”（《孟子 · 告子上》）宋儒周敦颐则进一步强调：“天地间，至尊者道，至贵者德而已矣。至难得者人，人而至难得者，道德有于身而已矣。”[1]明言道德对于人的绝对重要性。这里的道德，已绝非一般所谓的伦理规范了。在这里，如果对比康德所说的至善论——道德之善与世俗幸福的统一，则中国的道德观念已经大大不同。因为，康德德福一致的观念终究

[1] 周敦颐：《周敦颐集》，陈克明点校，北京：中华书局，1990，第33页。

难以逃脱孟子“今之人修其天爵，以要人爵”的质问，对于追求有限的尘世幸福的人而言，终将“弃其天爵”，而“惑之甚者也，终亦必亡而已矣”（《孟子·告子上》）。

道德是人之为人的依据，是“安宅”，是“正路”，是“天爵”。比较康德的至善论，孟子的这种与“人爵”对位的“天爵论”，潜藏着中国道德哲学的秘密。简言之，在中国文化中，道德即是创生性的天道赋予人的尊荣，道德既内在于人，也是超越的天道。因此，道德本身即是“信仰”，道德本身即是“内在宗教”，这已全然不同于西方文化中人与宗教之绝然分立，也不同于康德基于上帝存在的道德公设而来的“道德的宗教”。由对于此超越的“信仰”，人方能不汲汲于尘世的功名利禄，也全然不需要理论上所谓的道德公设。天道创生万物，是绝对的本体，超越生死，贯注于万物，人内在禀受之而为道德。故而，为了成就道德，人可以牺牲世俗的幸福，乃至于牺牲生命，由此孔子才能发出“朝闻道，夕死可矣”（《论语·里仁》）的感喟，以及“志士仁人，无求生以害仁，有杀身以成仁”（《论语·卫灵公》）和孟子在“生”“义”之间所做的抉择：“生，亦我所欲也；义，亦我所欲也，二者不可得兼，舍生而取义者也。”（《孟子·告子上》）纵观中国历史，孔孟所说的这种“成仁”“取义”的志士仁人太多了，可谓对康德至善论的有力对拨。

也就是在这个意义上，可以说人的“化育”和“生”：道德仁义即是天道，因之，天道之“生”即是道德仁义之“生”。后儒尤其是宋明理学由“仁”谈论“生”的比较多，二程即将《周易》“天地之大德曰生”的“德”字解释为“仁”，认为天地之生道就是儒家所说的“仁”。朱熹继承二程，说：“熹所谓仁者天地生物之心，而人物之所得以为心。此虽出于一时之臆见，然窃自谓正发明得天人无间断处。”（《仁说》）故以“生生”名仁，使性与天道相融通，天道与人道成一体。清代学者李塨在《论语传注问·学而》中也说：“《易》曰：‘天地之大德曰生。’生生即仁也，即爱也，即不忍也，即性即情也。”戴震还将生生之道与仁义礼智有机地联系起来，“仁者，生生之德也”，“得乎生生者谓之仁，得乎条理者谓之智。至仁必易，大智必简，仁智而道义出于斯矣。是故生生者仁，条理者礼，断决者义，藏主者智，仁智中和曰圣人”（《原善上》）。当然，我们还可于“仁”字本身来说“生”，在字源上，二人为仁，因此，仁先天地指向一种人与人的关系，它指向他人，终而呵护之、成就之，于是说为“生”；同时，宋儒说“手足萎痹谓之不仁”，仁是与万物的感应与爱，人因仁而感应于万物，惺惺相惜，于是于大化流行处畅通其路，成全之而无有阻挡，于是说为“生”；而在最终的意义上，如孔孟的“成仁”“取义”的牺牲精神，自我牺牲即自我成全，亦成全他人，个体牺牲而道德本体全然朗现，于是说为“生”。

于此可见，中国文化中的道德，总括宇宙万有，笼罩一切，可谓中国古人由内圣（修身）到外王（事功）的易简之道，也是把握自然、宇宙与人生的易简之道。此道德，不同于西方哲学的超越与内在的割裂，它既是创生宇宙万物的超越本体，也是施行于日常生活的内在仁义，既超越又内在，既是先天地存在又有着施行于生活的必然指向。由此超越性，人生的终极追求和日常的道德规范得以定准，获得了稳定可靠的依据，而由此内在性，神圣的法则可由人体验和把握，人拥有充分的实践自由，自做主宰；由此超越而内在，则宇宙与人生得以贯通一体，终极本体和伦理规范得以合一，获得了连续性、统一性、完整性，自然、历史和生活并非精神的沙漠和无意义的烟云，并非断裂的、破碎的、残片式的，人心也非平面化、稀释化和空洞化的，而拥有了无限的深度、厚度和浓度；由此超越而内在的道德，最高的价值根据内在于人，与人隔绝、对人压制的宗教（道教与佛教是道家和佛家哲学的歧出）则无从产生，尘世之外不再有第二个世间，至善在于此生，而“天国”即是人间。

我们看到，由于道德之纵贯的维系，宇宙与人生，本体与末用，超越与内在，永恒与当下，先天和经验，这些在西方哲学中永远矛盾的“对子”，得以圆融地合为一体，于是前引两则格言的内在差异明矣。然而，关于中国哲学中道德的纵贯统一，以上讨论终显太过笼统。为了细致展现此中诸多曲折，更好地展现这种差异，本书即对照西方哲学史上道德哲学建构的两条线索：一是从超越性出发，由超越的上帝为道德的稳定性奠基；二是从内在性出发，人由此得以把握自己的道德理性，自做主宰——这两条线索因超越与内在的割裂并未融合；与之对应，本书展开中国建构道德哲学的两个思路：一即《易传》“道—性—仁”的自上而下由天道“下贯”于人的路线，二即《论语》《孟子》等经典“尽心—性—天”的自下而上由人“逆觉”体证天道的路线——前者注重客观诠表，后者注重内在体验，而这两条路线正好相互印证，构成一个圆融的回环。中国哲学的路线绝然不同于西方两条路线的割裂。

西方道德哲学涉及的问题当然是重要的，为了在中国的哲学系统中呼应这一难题，同时考虑道家对儒家提问的力量，以及道家与儒家共用道、德概念（其内在差异极端重要），我将首先引入《老子》关于道、德的论述，展示其内在力量及困难所在，然后通过《易传》（辅以其他文本），展示儒家道德观念的巨大差异，及其对老子难题的解决，希望通过二者内在的辩证，比较全面、系统地展示中国道德观念的性格特点。

下面，我将通过文本分析展现中国道德哲学的这些细节。

目 录

引　言

在中国传统哲学中，道/天道是最为核心、最为根本的概念，它周遍宇宙万物以及人伦日常，犹如光照万物、月印万川，由其统摄，性命仁义礼智等各概念各自伸展，圆融不二，如一个有机的生命体。

然而，各概念间也存在诸多分殊，这其中，又因自孔子以降各个时代的因缘际遇，诸概念的理解和接纳呈现为一部随着时代变迁而逐渐丰富的理解史。甚至可以说，每一次新的接纳和交融都颇为不易，如宋明之援佛入儒，须历经诸多冲突、曲折乃至阵痛，始有新的焕发。而有清以来至今日，中国又面临“数百年未有之大变局”，在西方的逻辑系统和话语体系下，传统观念均需在对照中进行重新表达，这其中自然意味着新的诠释空间和新的理解可能。然而，这也意味着诸多缠绕和扭结，要想解开、澄清以至于玲珑剔透，颇为不易。

其中，最为夹杂的，便是在新的话语系统中对核心观念道/天道理解的歧异。比如，当前学界对于儒家天道的创生作用与仁义道德的关系，以及《老子》的“道生万物”与“人法天”思想的关系，便按照西方的诠释框架，界定为“实然”与“应然”、“存有原理”与“应然原理”的关系问题，并且以此认为二者之间存在逻辑推论上的断裂，从而取消了儒家仁义道德的必然性。陈康先生说:“道在两种不同的意义上被理解。一是具有规范性特点的道，虽然服从它事情会理想地发展，但它是一种不必定被遵循的原理。人类活动应该遵循它，然而人类往往没有这样做。但是同样的道，作为非人类活动领域的普遍拘束的原理，万物都遵循它而且无物能逃。在第一种情况中，道是一种规范性的（axiomatic）原理；而在第二种情况中，道是一种存有的（ontic）原理。”[1]陈康先生说道包含两义，但是他没注意到这种划分可能存在的问题，所以接下来就有“这种具有普遍性必然的‘存有原理’都无法与人生实践的‘应然原理’构成逻辑推导的关系”[2]，有普特南所说的“事实与价值二分法的崩溃”；劳思光先生也说：“吾人如确知‘价值’问题不是可通过‘客体性’以解释者，则凡一切诉于‘存有’以说价值之理论，无论如何复杂精巧，基本上必不能成立；由此，一切以‘形上之规律’或‘宇宙之规律’为

[1] 陈鼓应主编:《道家文化研究》第29辑，北京：生活·读书·新知三联书店，2015，第444—445页。

[2] 袁保新:《老子哲学之诠释与重建》，台北：文津出版社，1991，第99页。

依据，而欲解释‘价值’之说，亦皆有根本困难。”[1]

然而，以上理解的这种所谓“逻辑推论上的断裂”和“根本困难”，似乎只是在有限的范围内引起了人们的注意，认同的自然认同之，不认同的则习惯性地选择忽略之，其合理性的根据并没有引起课题化的研究和分析。如刘笑敢先生在《老子古今》中论断说，“儒家的天、天道、天理、天命之性也都是既有实然的意义，又有应然的意义。承认中国哲学史上的这一基本事实，并不会造成哲学概念或体系的‘破裂’”[2]，这种不加辨析地以之作为“基本事实”加以简单“承认”的态度，实际上是拒绝对问题进行学理上的讨论，事实上这个问题是被悬搁起来了。

对于刘笑敢先生的这一论断，以及学界现在的一般看法，笔者以为乃因为在两个重大问题上没有区分清楚：一是用“实然”“存有原理”与“应然”“应然原理”这样的概念来诠释中国儒道二家的核心概念，是在西方的话语系统和诠释框架中进行的，而对于以西方诠释框架研究中国传统核心概念内在微妙差异的适用性、可行性并未做严格的反思和审查，未注意到两种话语系统的不对等，这个现状在当前对中国古代思想尤其儒家观念的

[1] 劳思光:《新编中国哲学史》(增订本)卷二，北京：生活·读书·新知三联书店，2019，第112页。

[2] 刘笑敢:《老子古今：五种对勘与析评引论》上册，北京：中国社会科学出版社，2006，第443页。

研究中相当普遍，出现了一些“削足适履”的现状；二是没有对儒道二家的道、德概念进行内在、本质的区分，如刘笑敢先生说：“……‘天长地久’是对宇宙自然界的描述和判断，是老子立论的公理前提，相当于西方哲学所说之‘实然’（is）。下面‘天地所以能长且久者，以其不自生，故能长生’是老子从自身思想体系出发对‘天长地久’的原因的诠释（interpretation），是上句的逻辑推论，并根据天长地久的原因提出圣人行事做人的基本原则，体现了老子的价值倾向和理论主张，相当于西方哲学所说之‘应然’（ought to）。按照西方哲学的原则，实然与应然是不能混淆的，但是，在中国哲学中，实然与应然却是天然统一的。”[1]这里，恰如其前面所说的道家和“儒家的天、天道、天理、天命之性也都是既有实然的意义，又有应然的意义”，刘笑敢先生是把儒道二家放在一个系统中说，而没能区分出二者义理性格的差异，没有说明所谓“应然”“实然”在儒道二家各自的系统中所处的层次，没有说明儒道二家所谓的“应然”（仁义道德与“人法天”思想）是否存在本质的差别，于是，问题最终模糊一片，混淆不清。

这些问题涉及儒家的仁义道德和天道的同一性、道家的“人法天”观念和道的同一性是否可能以及如何可能的问题，而不仅

[1] 刘笑敢：《老子古今：五种对勘与析评引论》上册，北京：中国社会科学出版社，2006，第143—144页。

只是一个“基本事实”。本书就是着眼于这个问题而做的讨论。鉴于当前中国儒家道德哲学研究中，儒家仁义道德和西方伦理价值体系的暧昧不清的关系，为了澄清儒家的道德概念，解决上面提出的问题，我们首先必须问：儒道二家的道德观念与西方的伦理道德观念是否是本质上同一的？如果并非本质同一，那么是完全相异呢，还是可以相互含摄，有着边缘的相关性？如果是后者，那么其中的一者比另一者多出了什么？它们之间是否存在奠基关系或者优先性的关系？这些问题都与上面提出的问题相关，它触及了在运用西方范畴、方法解决中国哲学问题时的合法性问题，而当今中国哲学研究（尤其儒家道德研究）已不可能脱离西方哲学的范畴和语境，因此这个问题就显得尤其严重。

在西方话语体系的影响下，中国传统的道德观念既受到歪曲的诠释，也受到了歪曲的批判，要扭转这种局面，就需要从中国自己的传统和语境出发，需要对儒道二家道、德概念做内部细致的辨析，需要在儒家和道家自己的系统中落实其具体的含义。而想将中国道、德概念的内在结构和义理具体而清晰地展现出来，则需要回到中国哲学的具体文本，而非泛泛从与西方的外部比较中来落实。对于笔者的这本小书而言，这个任务当然是太过“巨大”了，我们无法在每一个具体文本中进行落实。不过，通过一些更具根源性和决定性的文本——如本书将重点分析的《老子》

《易传》等——来进行分析却是可行的，因为这些文本决定了后来众多经典的大体性格和旨趣。

就道家经典而言，《老子》代表的中国道家哲学对儒家的仁义道德持一种模糊而含混的态度，这其中既有显白的批判（道和仁义二分），又有隐微的“认同”（仁义道德并没有被彻底否定）；同时，道、德概念既是儒家又是道家哲学的核心概念。这两点对于本书都极端重要，所以笔者采取最为近便的讨论方式，即全书接着刘笑敢先生，开篇直接以《老子》的道、德概念切入展开论述。就儒家经典而言，《论语》《孟子》等似乎比《易传》更为重要，但是笔者认为在这本小书里，重要的是展示儒道二家道、德概念的义理性格和内在差异，以此系统呈现中国独特的道德观念，而《老子》和《易传》对道、德都有客观形而上的描述和建构，这种表述方式更适于我们的分析。这种相关性牟宗三先生也注意到了，他说，“可以做儒家和道家两个形而上学的比较，就是《道德经》和《易传》的比较”[1]。而在历史传承上，《易传》和《老子》也有某种亲缘关系，如陈鼓应先生就认为《易传》和《老子》的不少概念有着重要的相似性，这种相似性当然对我们的理解构成了障碍（如《易传》的归属问题，陈鼓应等先生就认为《易传》

[1] 牟宗三主讲:《周易哲学演讲录》，卢雪昆录音整理，上海：华东师范大学出版社，2004，第30页。

属于道家作品）[1]，然而，这种相似性、模糊性又为我们的理解提供了一种新的活力，笔者将由此分析二者系统性格的区别所在。

在本书中，《易传》是在儒家的视野中被检讨的，笔者接受新儒家熊十力先生对《老子》《易传》的观点——即认为二者不涉及与人、物的关系而单就道本身而言乃为同一个创生实体，本书以此为出发点，通过分析《老子》中的“道生之，德畜之，物形之，势成之”之实义，呈现《老子》以及道家系统中道、德概念之间的关系，最后展示在这种内在关系中所出现的一个困境，这个困境使得《老子》对仁义的观点显得暧昧不清，而《老子》系统本身是不可能解决这个困境的，出路唯在于儒家对“显诸仁”观念的正面肯认。本书通过对《易传》的道德观念分析，展示对这个困境解决的进路，在文本上，本书立足于《易传》“一阴一阳之谓道。继之者善也，成之者性也。仁者见之谓之仁，知者见之谓之知，百姓日用而不知，故君子之道鲜矣。显诸仁，藏诸用，鼓万物而不与圣人同忧”（《系辞上传》）的细读，兼顾分析“昔者圣人之作《易》也，将以顺性命之理。是以立天之道曰阴与阳，立地之道曰柔与刚，立人之道曰仁与义”（《说卦传》）、“天地之大德曰生，圣人之大宝曰位。何以守位？曰仁。何以聚人？曰财。

[1] 参见陈鼓应《老庄新论》（上海：上海古籍出版社，1992）、《易传与道家思想》（北京：商务印书馆，2007）相关论述。

理财正辞、禁民为非曰义”(《系辞下传》)等文本的内涵意义,了解其中的内在关系,尤其天道与仁义的关系,展露儒家视野中《易传》天道仁义同一性、仁义道德先天性的特点。这个工作一旦成功,上面的问题就清楚了,包括《老子》对仁义的含混态度,以及当今学界对于儒家道德特点的一些误解和看法。

解决了这个问题,本书将旁通儒家的其他重要经典。《易传》和原始儒家文本《论语》《孟子》是内在契合、一以贯之的:《易传》是客观上说的天道与仁的同一,注重天道“自上而下”向人下贯,虽然在《论语》中,夫子“不言性与天道”,但不妨碍《易传》中这种客观形而上的建构,这对于我们的理解无疑提供了便利;《论语》《孟子》“极高明而道中庸”,在对话中不隔离、不抽象,注重圆融而顺适,让人在现实生活中,于孝悌、不安、四端等珍贵的内在仁心的当下呈显中,“自下而上”体会超越的天道,所以本书后面突出分析孔子“下学上达”、孟子“尽心一性一天”逆觉体证的入路,证明《论语》《孟子》和《易传》恰好构成了一个和谐无间隙的圆圈,这同时是对儒家道德先天性的验证。

我们还需在这个引言里提一下“先天性”这个概念。林安梧说:“‘道德’这个词,在中文来说,‘道’是总体义、根源义;‘德’是本性义、内具义。……值得注意的是,他们之所重都在生长义、创造义、动力义,而不在法则义、规范义、限制义。……

这里要强调的是在中国传统文化里，‘道德’并不以法则义、规范义、限制义为优先，相反地，是以生长义、创造义、动力义为优先。”[1]林安梧所说的道德的“生长义、创造义、动力义”就是本书所说的儒家道德的先天性意义。本书使用“先天性”这个词，意在区别于西方从“后天”经验层面——法则、规范、限制——说的伦理道德，从而凸现出其绝对性、优先性和纯粹性。“先天”这个词，不是在西方语境中如康德或海德格尔的意义上运用的，而是《老子》所谓的道“先天地生”、《乾文言》的“先天而天弗违”的“先天”。在康德那里，先天性的特点主要是运用于“知性十二范畴”，它是用来说明认识何以可能的，是一个认识论的概念，但在中国哲学中则是作为一个本体论的概念来运用的，相对于康德的知性范畴是认识的条件，儒家的“先天”也是一个条件，但是是人之所以为人的条件，而它异质的一跃也成了伦理规范的可能条件。在海德格尔那里，先天性指向“存在”，存在是“敞亮着、隐藏着和释放着的呈现”，海德格尔的“存在”是一个本体论的概念，所以他称自己的学说是“基本本体论”，但是这种本体论的概念仍然不同于本书作为实体的道德本体，所以两个“先天性”也不同，海德格尔的“先天性”是生成着的构成，是人

[1] 李承贵:《德性源流——中国传统道德转型研究》序，南昌：江西教育出版社，2004，第1—2页。

领会着但是却无可奈何的曾在和将在的一体性，它缺乏本书所说的创生实体的统摄性。

总之，本书致力于解决两个问题：（1）天道与仁的同一性问题，这个问题的具体落实是对《老子》《易传》道、德概念的区分；（2）儒家视域中道德与伦理规范的关系问题，这个问题的具体落实就是儒家的仁、义、礼等概念的关系问题。这两者归结为一个问题，就是儒家道德的先天性问题，而这个问题也将《老子》本身潜具未显的"隐秘渴望"——一念良心的正面地位彰显了出来。这个问题不仅是一个"应然"的"价值"层面的问题，还是一个"实然"的"存有"层面的问题；不仅是一个工夫问题，也是一个本体问题。即应然即存有，即工夫即本体。需要说明的是，道德的先天性自在天壤、亘古长存，这个特点在传统儒家那里是会心和不言自明的，而这里的诠释，乃是出于厘清以西方话语诠释中国传统核心概念而出现的歧异问题，本书只是对于儒家本意的一种描述而已。但是这种努力之所以还存在价值，就是因为，我们的传统精神在西学传入的时候正逐渐远离我们，以至于我们传统的题中之义已经湮没不闻。

但我们仍确信，天地变化草木蕃，道不增；天地闭贤人隐，道不减；大行不加，穷居不损，天道自然。

第一章 「破碎的道德」

——对《老子》道、德概念的审查

一、儒道二家的分歧及问题的引入

历史上，道家与儒家作为并行的哲学流派，对中国文化产生了巨大的影响力，又因为两家之间的相互影响、交缠，以及诸多分庭抗礼的争论，因此特别值得关注。

对于本书而言极端重要的是，一方面，儒道二家都对于道、德概念极端尊崇，道、德是二家共享的核心概念；另一方面，道家又从来都是对儒家批判最多的。吊诡处在于，道家对儒家批判的重点——仁义以及礼的观念，恰又是儒家道德观念的核心内容。于是，道、德、仁、义等概念的内在区分就变得紧迫而棘手。

这种紧迫性，是我们将《老子》(及其所代表的道家)提上前来的原因，特别是因为在对道德问题进行追问的时候，《老子》所代表的道家对儒家仁义观念进行的批判在今天仍具有代表性，而其追问的深刻性尤其值得我们重视。一方面，《老子》道、德概念像西方解构主义一样，是对儒家仁义观念的一种解构；另一方面，《老子》的道、德概念又有着西方语境所缺乏的内涵，恰如我们引言中所言，这种内涵恰是通往解答一般对道德与儒家仁义道德疑问的通道。现在，我们就将目光移向《老子》本身，尝试从文本上来理解《老子》的道、德概念。

首先，值得注意的是，《老子》的道、德是不能合在一起说的。现今学界已普遍意识到这一点，如郑开先生便说“这里的‘道德’却不是我们今天说的‘道德’（morals），……先秦所说的‘道德’乃是‘道’、‘德’两个概念的缀合，本身并非一个概念”[1]，但是此中原因学界却并未进行清晰界定，本书希望对此进行解答。

其次，特别值得关注的是，对于德的看法，《老子》在字面似乎存在一种吊诡的“矛盾”之处，如：

> 大道废，有仁义；智慧出，有大伪；六亲不和，有孝慈；国家昏乱，有忠臣。（《老子》十八章）
>
> 绝圣弃智，民利百倍；绝仁弃义，民复孝慈；绝巧弃利，盗贼无有。（《老子》十九章）
>
> 我有三宝，持而保之。一曰慈，二曰简，三曰不敢为天下先。（《老子》六十七章）
>
> 上德不德，是以有德；……失道而后德，失德而后仁，失仁而后义，失义而后礼。夫礼者，忠信之薄而乱之首。（《老

[1] 郑开：《道家形而上学研究》，北京：宗教文化出版社，2003，第182页。

子》三十八章）

暂时撇开概念之间的内在关系，在这里我们可以看到，就字面而言，老子对仁义、孝慈、不德、有德等名相概念的态度游移、闪烁、模糊而含混，大多否定与肯定并存。对于这种吊诡，学界一般以为，当时社会礼崩乐坏，老子面对这种环境，面对仗持仁义之名伐善施恶、假仁假义、天下大乱的局面，深恶之，于是主张去人为、崇自然、主无为，所以《老子》的反道德实际上是反伪道德、假仁义，并不反对真实的仁义道德本身。这种看法说出了一些很重要的东西，它是《老子》的题中之义。然而问题是，这种“外在社会因素”的“前见”落实到文本中时，需要内在学理逻辑的支撑，我们需要由《老子》的理论核心通达其逻辑后果，内在理论核心对于理解哲学永远是第一位的；而以社会历史因素去解释，则是在用人类学、社会学的方法解释哲学，这种方法视哲学的普遍性为历史性、经验性，无疑是本末倒置，更严重的是这种方法将（像已经成为事实的那样）危害到对《老子》核心概念道、德的理解，在这个意义上道将失去其本源性的地位，而让位于历史经验，则大谬矣。

这种以社会学、历史学诠释《老子》的角度，隐含着一种理解《老子》道概念的出发点，即以“无为”来理解道。这种诠释角度是彻底的人生哲学的立场，而所谓道的本体宇宙论立场则没有位置，道、无、无为这三个概念位置置放的优先性决定了道完全不同的内涵：若以道为出发点，道为创生实体[1]，则《老子》系统中的本体宇宙论得以保存，而无则成了道的一个规定方面，无为则是由道引发的一种人生哲学；若以无、无为为出发点理解道，那么道的宇宙实体创生性就将丧失，在这种理解方式下，道就不是一种实有形态的，而是一种境界形态、虚说作用意义上的。道是实体的还是在作用意义上说的，是实位字还是虚位字，是实有的还是仅是概念的，就《老子》而言，这样的分歧不仅因落脚点不同而导致理解不同，在西方诠释话语的影响下还将出现新的看法。

受西方思想影响并以之为立场对道进行诠释的学者，有冯

[1] 这里的“实体”不是在西方哲学的意义上运用的，而是像王船山、熊十力、牟宗三等先生一样在传统的意义上使用的，牟宗三先生的论著中几乎随处可见“实体”，熊十力先生也多次使用“实体”一词，如他在注释“宇宙之底蕴”时说：“底蕴，即谓宇宙的实体。”（熊十力：《读经示要》，北京：中国人民大学出版社，2006，第125页）这里的“实体”表示道的真实不虚，不是西方意义上的物质实体等，刘笑敢先生于此亦有见，故将其与西方的“第一因”“原初物质”“绝对精神”等区别开来（参看刘笑敢：《老子古今：五种对勘与析评引论》上册，北京：中国社会科学出版社，2006，第260—261、504页），而“用总根源、总根据或本根等概念而不用本体、实体等概念是为了避免读者以相应的西方哲学的特有内容来理解老子之道，也避免学术讨论中不必要的争执”（同上，第123页）。

友兰、陈鼓应、张祥龙等先生。陈鼓应先生说:“世界上果真有老子所说的如此这般的‘道’吗?它究竟是实际的存在呢,或者只是概念上的存在而已?关于这个问题,我们可以直截了当地说,‘道’只是概念上存在而已。‘道’所具有的一切特性的描写,都是老子所预设的。”[1]张祥龙先生则认为,“海德格尔与中国天道观(包括禅宗)在这最关键一点上是一致的,即认为终极的实在不管叫‘存在本身’也好,叫‘天’或‘道’也好,只能被理解为纯粹的构成境遇”[2]。冯友兰先生则认为,“《老子》所讲的‘道’‘有’‘无’,都是一般、共相;它所讲的天地万物是特殊、殊相”[3]。不管这些观点有什么具体差别,但道的实体性意味的丧失是一致的。出现这种理解的原因在于他们的西学立场,陈鼓应先生由存在哲学、尼采哲学解释道家,张祥龙先生则以现象学、存在哲学及后现代哲学阐释天道,冯友兰先生站在新实在论的立场理解道,西学超越性和内在性绝对分立的立场使他们在根本上缺乏对中国道概念理解的可能性。

熊十力先生援佛入儒(但佛家的概念在他这里已发生根本变化),认定道的实体性,在这一点上熊氏弟子唐君毅、徐复观诸

[1] 陈鼓应:《老庄新论》,上海:上海古籍出版社,1992,第36页。

[2] 张祥龙:《海德格尔思想与中国天道:终极视域的开启与交融》,北京:生活·读书·新知三联书店,1996,第357页。

[3] 冯友兰:《中国哲学史新编》上卷,北京:商务印书馆,2020,第233页。

先生继承了老师的看法。然而，同为熊氏弟子的牟宗三先生则力主《老子》的道是境界形态的形上学，是“纵贯横讲”，牟氏在《才性与玄理》中精当地分析了道的实体性后，突然以无为、无为出发点诠释道，于是得出了如下结论：“道之生万物，既非柏拉图之‘造物主’之制造，亦非耶教之上帝之创造，且亦非儒家仁体之生化。总之，它不是一能生能造之实体。它只是不塞不禁，畅开万物‘自生自济’之源之冲虚玄德。而冲虚玄德只是一种境界。故道之实现性只是境界形态之实现性，其为实现原理亦只是境界形态之实现原理。非实有形态之实体之为‘实现原理’也。故表示‘道生之’的那些宇宙论的语句，实非积极的宇宙论之语句，而乃是消极的，只表示一种静观之貌似的宇宙论语句。”[1]这里我们要关注的不是《老子》的道究竟是实体性的还是只是一种实体之姿态的虚字，而是这么两个问题：（1）牟先生为什么在前面似乎极为精当地论证了道的实体创生性之后，突然一改笔锋，几近“无理由”地宣布它只是一个姿态而已；（2）作为至今仍发挥不可替代的作用的哲学家牟宗三，这一表面上轻率而实则并不轻率的论断对我们的论题是否有着启发意义？从大处讲，牟宗三先生的这一论断是出于“判教”的需要，即以《老子》境界形态的“纵

[1] 牟宗三：《才性与玄理》，吴兴文主编：《牟宗三文集》，长春：吉林出版集团有限责任公司，2015，第143页。

贯横讲”的形上学突出儒家“纵贯纵讲”的形上学，他将《老子》的道宣布为“形式的”，以与“内容的”相对，而“内容的”则是“呈现的”道德，是四端之心，是孝悌与不忍，是活动着的、非静观的。牟宗三先生的心学立场[1]较熊十力先生更为彻底，不经过“内容的”逆觉体证的“体”是不会被牟氏冠以实有形态的，这一点是牟先生与其恩师熊十力关于道的观点分歧的关键所在。

我们在此将牟宗三先生这一彻底的心学立场摆出，展示了这样的问题：如果《老子》和《易传》的道如熊十力先生所言同为创生性实体的话，那么儒道二家的思想为什么会出现巨大差异？在牟先生的师友之间，熊十力先生以道家没有看到道之刚健视为儒道二家区别的看法是否切中要害？而唐、徐二先生将德视作对

[1] 关于牟宗三彻底的心学立场，郑家栋先生亦有见，“牟宗三哲学的精神，就是陆王心学的精神。当然，它是现代的陆王学（或称之为‘陆王心学的现代形态’），……牟氏哲学只是从康德哲学那里吸收了某种运思方式和论说架构，至于在内在的精神义理方面，它仍然是纯净的陆王学”（郑家栋:《断裂中的传统：信念与理念之间》，北京：中国社会科学出版社，2001，第102页）。“牟的思想是由熊先生所开启的方向发展而来，但这只是就总体的精神方向而言，实际上，二人在学理和内在精神气质方面，都有较大距离。牟在把儒家内圣心性之学真正建立为一种‘学’的同时，却又更彻底地坚持了心学的立场，他放弃了熊氏哲学中宇宙论的进路及有关体用关系的繁复说明，干净利落的直指人的本心性体。相比较而言，可以说牟先生哲学更内在，也更超越。”（同上，第104页）

道的继承分有这一当前学界普遍持有的立场是否合理？与这些问题相关的就是我们前面提出的那个问题，儒道二家的道、德概念有何差异？对于《老子》（以及其所代表的道家）来说，道、德分言是否具有必然性，或者说具有怎样的必然性？这种必然性是否可以为儒家所否认呢？以此来考察《老子》的道、德、有、无等概念就成了一种内在理路的疏通，而不再是简单地作为社会学、历史学考察的比附了。

所以在这里，我们将先疏解《老子》的道、德概念，试着理解道家的义理性格以及其中的种种曲折，了解《老子》对仁义的观点显得暧昧不清的原因所在，了解《老子》的局限所在并由之导向一条洞悉儒家道德特性的独特路径。

二、"道生之"：作为创生实体的道

道是创生的实体还是虚说的理论预设，其中暗含诸多夹杂和曲折，这种曲折有时甚至会让人认为，对道的创生实体性特点的认可与否，与其说是有力的论证在起作用，不如说是"信仰"在起作用，如马德邻先生便说："1. 袭用'道'这个概念，是将其作为自明性的前提，因此无须再作进一步的论证；2. 对'道'之

‘真’（真实）的把握无须认识，而是不由自主的信念。”[1]

而信仰与否，则取决于人们的学术背景，上面我们所引用的诸位先生就是例证。西学的立场决定了道要么内在要么超越，而不会有既超越又内在的说法，即使近代西方哲学出现了历史性的转向，其中不乏如海德格尔等人对中国哲学尤其是对老子哲学的高度认同，这似乎为西方世界理解中国哲学核心概念提供了契机，然而这终归只是表面上的近似，实质上二者有细微而根本的区别。有着西学背景的张祥龙和陈鼓应的相关看法就是其理论后果，而由海德格尔导致的法国存在主义及波及世界的虚无主义、怀疑主义，则印证了这细微的不同所导致的与中国哲学性格的根本差异。海德格尔的现象学方法取消了对道的实体创生性看法的可能性，就像冯友兰、陈鼓应诸先生所说的，如果道只是概念预设，那么自然在现象学“悬搁”的范围之内，那些类似宇宙论、本体论的说法就离海德格尔很远，而这些却是中国哲学道论的重要内容。就《老子》而言，对道的创生实体性的承认与否关系到所谓宇宙论、本体论在老子哲学体系中是否能够成立，也关涉其人生哲学如“法天”思想在严格的意义上是否可能。

了解道作为超越的创生实体极为重要，道的其他含义，如马

[1] 马德邻:《老子形上思想研究》，上海：学林出版社，2003，第28页。

德邻先生所说的，道有“作为道路的意思”“古语‘道’与‘导’同，又可引申为引导、道理、规则、方法的意思”[1]，都奠定在这个基础上。

我们先来了解一下《老子》中的道。概而言之，道是宇宙万物的本源和总根据，是最高的存在实体，世间万物——天地、山川、河流、飞禽走兽、花草树木等都是由道生成，道“先天地生”，是“天地之母”，它不但生成万物，也是“万物之奥”，是万物的主宰者，万物的生存、生长都需要不断从道获得力量、基础和保证。然而，这还远远未能穷尽其中的奥妙。下面，我们结合文本细看《老子》中作为创生实体的道：

> 道之为物，惟恍惟惚。恍兮惚兮，其中有象；恍兮惚兮，其中有物。窈兮冥兮，其中有精；其精甚真，其中有信。（《老子》二十一章）
>
> 道生一，一生二，二生三，三生万物。（《老子》四十二章）
>
> 有物混成，先天地生，寂兮寥兮，独立不改，周行而不殆，可以为天下母。吾不知其名，字之曰道，强为之名曰大。（《老子》二十五章）

[1] 马德邻：《老子形上思想研究》，上海：学林出版社，2003，第52—53页。

这里，《老子》为道的创生实体的真实性提供了说明，它并非理论的预设。对道的说明从一开始就困难重重，因为道不是具体的物，用庄子的话说是“物物而不物于物”，它不是我们感官所能接触到的，而是“视之不见，听之不闻，搏之不得”的。我们所能言说与表达的，最终离不开我们感官经验到的物，这样对道的描述和说明就出现了一种尴尬的状况，即我们所要表达的是道，但是我们却不得不将我们的言说附在物的层次上，所以《老子》曰“道可道，非常道”（《老子》一章）。然而，是不是因为我们感官经验言说的局限，道就不能得到领会呢？或者是不是像陈鼓应先生所说，因为这些局限，道就成了只是概念的“虚说”，而道的创生实体性就丧失了呢？在这种抉择中，《老子》的所有努力就在如何将道通过某种方式描述出来，从而为我们的精神生命指明一个方向。

问题是，我们只能通过所能言说的感官经验去言说那不能言说的创生性实体，这就是言说道的难处（《庄子》也面临这种难处，于是只能借助于“卮言”强为之言[1]），所以《老子》不得已也只能借经验中的物说“道之为物”“有物混成”，将道称为“大象”“母”等，这都是将道赋以物的形象和特点。但是《老

[1] 郑开：《庄子哲学讲记》，南宁：广西人民出版社，2016，第27—34页。

子》同时警诫人们说，当我们用有“定名”之物去称谓道时，万不可将有定之物等同于道，所以《老子》中有“道之为物，惟恍惟惚”“恍兮惚兮”“窈兮冥兮”，“恍惚”“窈冥”即在说明道不同于死物的质实，而是悠远玄深的，不可像物一样把握。在“以物喻道”及“道非物”的警戒中，老子担心人们的普遍误解：由“恍兮惚兮”“窈兮冥兮”就说明道是概念虚说的、非实体性的，是预设。面对这样可能的误解，老子强调道的实在性并非物的质实的实在性，而是类似“恍兮惚兮”“窈兮冥兮”的另一类的实在性，所以《老子》曰：“窈兮冥兮，其中有精；其精甚真，其中有信。”“信”就是真，真实不虚的意思，道是真真实实的，道“窈兮冥兮”，然而有其“信”，绝不虚妄，不是预设，只是，这种真实不是像物一样可以视、听、闻、搏的真实性。

《老子》为了说明道之“精”“信”，不仅关联着物，而且从今人所谓的宇宙论角度进行了说明：“道生一，一生二，二生三，三生万物”，生天生地，神鬼神帝，这里我们暂不管所谓“一”“二”“三”的所指，而只关注道生万物、生天地。《老子》是在内容上从更高的层次说明道的创生实体性之“信”。“道生万物”的命题一般被当作《老子》的宇宙论，这种说明要注意《老子》的宇宙论不是为了说明宇宙万物生成的现成事实，而重点在于说明万物的根源所在，其着眼点是道，而非物，所以“道生万物”的命题本质上首先是本体论的。如果说是宇宙论的，那也应当说是本体宇宙论的，因为宇宙论最终要落在历史时间经验上说，这就留有一个问题没有处理，那就是万物的根源所在，所以最终仍需回归到本体论的论域里。在西方，这个“最终因”落实下来就是神、上帝，但《老子》的道却优先于人格神，《老子》虽然也用过神来表达道，但神对《老子》的作用与物的作用是同一的，都是为了说明道，所以神就是庄子说的“神鬼神帝，生天生地”（《庄子·大宗师》），而道是鬼神运作的根本原因，荀子的命题“天地始者，今日是也”（《荀子·不苟篇》）对于这一点表达得很清楚，天地时时刻刻有它的“始”，而这从宇宙论是无法讲通的，只能在本体论上讲。

道的创生作用是绝对无条件的，它虽然通过物来了解，无物不可见道，但物本身并非道，道无体，以万物为体，道通过物显示其创生之大德，“生而不有，为而不恃，功成而弗居”（《老子》二章）。《老子》接着上面的思路“方便地”说道“先天地生”，“独立不改，周行而不殆”，道是在时间之外的永恒存在，自然无所谓“生”，所以人们自然要问：这种“生”是哪种“生”呢？道与物的相似性在哪里呢？

面对关于道与物的相似性的追问，老子似乎洞若观火，从另一个方面对道进行了说明。“天下万物生于有，有生于无”（《老子》四十章），这里“无”自然不是指什么都没有，不是取消道的创生实体性，而是源自一种对于道与物相似性追问尝试的否定。无是对物说的，其意义在于说明以物的属性去追踪模拟道的特点是不可取的，道和物没有任何相似性，道之实在性与物之可视可听可搏的实在性不同，道的实在性是“冲虚”的实在性，“道冲而用之或不盈，渊兮似万物之宗”（《老子》四章）。但“天下万物生于有，有生于无”是什么意思呢？万物与有、无又是什么关系呢？牟宗三先生于此有精当论述，万物与有是有区别的，有不即是物，但却是关联着物说的，其所指向的是万物的无性——道虽是冲虚之体，不即是物，即是其无性；但道却不因此孤离隔绝与物为对，而道正是在物却不即是物，道不虚，故有[1]。

道在有、无之间，道关联着物却不即是物本身，那么，如何在理解道的时候不落入两边呢？在通过物说明道的时候如何使道既不隔离万物又不使道成为死物呢？所以在由物解说道的时候必须使得解说有一种“空隙”，有一种超出物的言说在。

《老子》说，“吾不知其名，字之曰道”，将创生性的实体勉强“字之”曰道有何用意？王弼在解说“道”字的时候说，“夫‘道’也者，取乎万物之所由也”[2]，此解释说中了《老子》中道

[1] 参见牟宗三:《才性与玄理》，桂林：广西师范大学出版社，2006，第109—110页。
[2] 王弼:《王弼集校释》，楼宇烈校释，北京：中华书局，1980，第196页。

的含义的重要方面，但是道的原意究非如此。《说文解字注》曰："道，所行道也。"[1]道的本意是"路"，但是路所指的实意并不是死路，不是现成的物，而是取路的延伸着、流行着、生成着这么一个特点，在以路解道时并不是取其端点的终始，不是指路程、段落，而是取其不穷尽、不息之义（其次才有规则、有序等意），所以道当作"流行"义解。这样，我们就看到了老子用道指陈创造性实体的用意，也领会了《老子》的道的实意（海德格尔、张祥龙对道的认同、理解与差谬盖与此相关），而老子上面所面临的问题在此似乎也得到了一定程度的解释。《老子》曰"独立不改，周行而不殆"，"天地之间，其犹橐籥乎？虚而不屈，动而愈出"（《老子》五章），"周行而不殆""不屈""动而愈出"是关联着物说的，但是物之"动""周行"却不是能由物这个概念分析出的，物与动、行是不离的，但是物与动、行是综合的关系，物不自行，而"周行不息"，物不自生，而"动而愈出"，其中动、行所指向的终极实在就是创生性的实体道，恰恰是道的"冲虚""独立"使物之动、行得以可能，老子使用道从一开始就是取物的不息运动之义。

由此我们看到，《老子》中的"道生万物"并不单纯在展示一

[1] 许慎：《说文解字注》，段玉裁注，上海：上海古籍出版社，1981，第75页。

种宇宙生成模式，而是在强调道之创生性实体的真实不虚，完全以西方的宇宙论范式解读老子的“道生万物”意味着老子本意的丢失。倘若我们要在老子的哲学体系中保留“宇宙论”一词，则必须是本体宇宙论，且此本体必须保持其创生活动之意，而不可为死体。就这一点而言，儒家的道、天道、乾道、易道等与此相当，后面，我们将在分析《易传》中的易道观时再论及此，本节亦为后文阐述的铺垫，此不具论。

三、“德畜之”：德的虚说架构义

“道生万物”，道与物的关系虽不可以相似关系来比附，但是道与物终究还是有着紧密的关系，这种关系是通过德建立起来的。

德在《老子》中可以被理解为多义，如郑开先生指出，“道家所谓‘德’主要指：（1）原初本性；（2）美德；此外也在政治、社会问题上使用这个概念，意思是指（3）‘好的、合理的’制度形式”[1]。这里我们至少可以将《老子》的“德”字理解为两层意义：《老子》德篇主要讨论“人法天”的人生政治哲学思想，这里讲的

[1] 郑开：《道家形而上学研究》，北京：宗教文化出版社，2003，第186页。

德多数有美德的含义；但是“德”字还有一种含义，“道生之，德畜之”的“德”就与美德显得很不相干。

问题是，这两种不同的理解究竟是什么样的关系？是彼此隔绝的还是有着内在的逻辑相关性？流行的看法是，后者是一种实然的宇宙创生论，而前者则是应然的人生哲学。对二者之间的关系唐君毅先生有一种看法值得注意：“自客观上道体之本身看，道体固无择乎此其所生之物之长生或早死，亦无待于其所生之人物之生活必合乎道也。……是见此道虽生万物，而覆育万物，实未尝真仁于万物，……亦非真含具价值之意义者也。老子言圣人之容、公与慈，如只是法此无情之道体，即亦如子之仿效其母之所行，非真有见于此行之为当然之善而行者矣”，“人之所以宜求亦当求其生活之合乎道，在根底上惟依于人之不愿归于死亡，不愿由有而无之一念。然此一念，则为人既由有得于道以生以后，随其生命之存在而自然发出者。故只有主观之意义，而无客观之意义。”[1]唐先生讲道未尝仁于万物，自然不是指道生万物之大德，就道讲“生之、畜之，生而不有，为而不恃，长而不宰，是谓玄德”（《老子》十章），自然是道仁于万物的；唐氏之意是道与德有层次，“道体未能举其全体，以全赋予所生之物，以使此所生者

[1] 唐君毅：《中国哲学原论·导论篇》，北京：中国社会科学出版社，2005，第254页。

亦内具此道体之全，以为其性，而亦自成一具生生之道”，道未将生生之德的内在予人、物，故而使得“公”“慈”等道德乃为外在效法，求其生活合于道，在根本上乃惟在于归之不愿死之一念，故无客观必然性。所以此“仁”不可泛泛而论。唐先生此论颇具启发意义，牟宗三先生即秉持其彻底的心学立场，视《老子》的道之实体性为一“姿态”，这乃是此一思想的极端形态。但是唐先生对“德”字并未加斟酌，因为《老子》的德不能直接作儒家意义上的仁义道德解，唐先生上面的论断与笔者所要得出的结论是一致的，遗憾处在于唐先生的这一结论没有通过分析《老子》文本从内在理路合乎逻辑地得出。笔者认为，这最终要落实到对德的准确意义的澄清上，而这个理解即使有一点点偏差，理论后果就是严重的。

现今学界对德的观点在大体上是一致的，如张岱年先生说：“德是一物所得于道者。德是分，道是全。一物所得于道以成其体者为德。德实即是一物之本性。”[1]徐复观先生也认为：“道是全，是一。道的创生，应当是由全而分，由一而多的过程。”“德是道的分化。……就其‘全’者‘一’者而言，则谓之道；就其分者多者而言，则谓之德。道与德，仅有全与分之别，而没有本

[1] 宇同:《中国哲学大纲》上册，北京：商务印书馆，1958，第53页。

质上之别。……在形式结构上，则与《中庸》‘天命之谓性’无异。”[1]这种普遍性的看法在笔者看来，乃出于对“德”字训诂的不审慎借用。《说文解字注》：“德，升也。”段玉裁注为：“升，当作登……登，读言得。”[2]王弼说：“德者，得也。”[3]人们由此推断，德是“得”于道，所以“德是道的分化”，所以道、德同是名词、实体，同是实说。这种说法在不涉及具体区别时也可以囫囵说通，且不易分辨，也不可以说错，但是在涉及儒道的比较——儒道二家使用德的具体层次和语境时则显得模糊而乏力。对本书而言，则老子对仁义道德的含混立场无法在德的这一理解中得以廓清。王弼所说的“德者，得也”，这里“德”字是在动词的意义上说的，“德”字的原意是建构两物或多物之间的关系，具有组建、活动、构成之意。而将“德”字视为实位字和实体乃因为这样一种前见：德是“得”（分化）于道的，道既然是实体字、是名词，那么德当然也是实体字、名词了。这种解释存在一种裂隙和不审慎的滑转，即德的动词名词化，虚字的实体化，然而就在这种滑转的裂隙里，隐藏着关键。

前面说过，“道生万物”，就道与万物之关系而言，道是

[1] 徐复观：《中国人性论史·先秦篇》，北京：九州出版社，2014，第305—306页。
[2] 许慎：《说文解字注》，段玉裁注，上海：上海古籍出版社，1981，第76页。
[3] 王弼：《王弼集校释》，楼宇烈校释，北京：中华书局，1980，第93页。

“无”，物是“第二序”意义上的“有”，道虽不离万物，但道不与万物有任何相似之处，就此而言，物无法分有道的特性。但道生成万物之后，是否即弃万物于不顾呢？对此，《老子》说：

> 道生之，德畜之，物形之，势成之。（《老子》五十一章）
>
> 大道泛兮，其可左右。万物恃之而生而不辞，功成不名有，衣养万物而不为主。（《老子》三十四章）

这里显示了道不但于物之生成见之，也于物之生长毁灭见之，道不仅使物得以生，也使物得以存活生长甚至灭亡。所有这些都只显示道、物的绝对对待，没有显示物分有、内具道的特性，所以“德”字作为名词、实体字理解在这里实在显得突兀；但是若将德视作“得”而不草草地使其滑作实体性的名词，则可能让我们的理解柳暗花明。

“道生之，德畜之，物形之，势成之”，历来不好解，但可以暂时撇开诸多缠绕而单独讨论德。“德畜之”，从句式结构上看，德在此当作名词看，但是这个名词不是作为实体的名词，而仅仅是作为一个需要诠释的概念的名词而已，而后面的“之”字作语气助词，无实义，否则从整句话来看，“之”当指代共同对象，但是这个共同的对象显然在这里无法落实下来。那么道生、德畜、物形、势成是否均为一种主谓结构呢？即由道、德、物、势分别发出生、畜、形、成的行为，这在道生虽然可以说得通，但是物形、势成则否定了这种说法的合理性——说物形、势成是主谓结构，形、成是物、势发出来的谓词，这是不通的。这样，只能将第二个词视为第一个词的标志性的特点，即以第二个词解释第一个词，二者是一种诠释的关系，以此，所谓“德畜之”就应当解释为：德的定义就是“畜”。且按照上面“道生之”的结构，“生”为动词，所以“畜”字在这里也应当作动词用，“畜”作“蓄”解，所以说“畜”字可以作为“蓄养”来理解，这样“畜”就和“得”趋于一致了。“得”的主体是物，“畜”的主体是道，“得”和“畜”是分别从物和道两者之间的关系分别来讲的，物得于道，道蓄养物。所以德就是畜，德和畜是一种等价关系，这样看来，德便是纯粹的架构、组建、虚说的动词，它是道和物维持关系的一种纽带，而这种纽带的作用并不是使物分有道的属性，而仅仅是使物不离道而已。道、物的这种不离不杂的关系，我们可以举一个不严格的例子来说明：道如太阳光，万物受道的阳光普照，但道的阳光却并不为万物所拥有，道并不内化于万物但却与万物不离不杂。由此我们看出，道与物实际上是一种超越的关系，而非内在关系。这就非常不同于一般的理解了。

笔者以为，德的这个含义在道家义理中是极端重要、具有支配地位的，它影响到对于其他概念的理解。这个含义可以在《老子》其他表述中得到验证。

《老子》说“孔德之容，惟道是从”（《老子》二十一章），如果德是分有道的实体字，那么自然道、德无异，自然不用蛇上添足、床上叠床，说德是“唯道是从”了，故以德为实体字是不恰当的，在此意义上，“孔”就是“大”的意思。王弼对此有深刻认识，所以他说：“孔，空也。惟以空为德，然后乃能动作从道。”[1]王弼说明了德字是作为虚字，德不是对道的分有，这里，“空”字应为“得”的不严格的引申义，“空”是用来解释强调德的含义的，二者是一种分析对应的关系；当然于人而言，“空”字在这里还可理解为人的工夫，只有去除人为，道才不被遮蔽，才可以在人身上做主宰，同时在静虚无为的工夫下，人才可以对道有所观解。但是这个工夫是与德的虚说、架构义紧密相关的，德起组建的功用，空出位置以由道的作用流出，对人而言，则是去除、“空缺”人欲或人为，由道做主宰。

我们也可以由此得出德的引申义：顺、守。之所以可以说“势成之”，有“势”可言，乃在于其畅通无阻的“顺”，有阻则无势可言，顺对于万物之生有重要的作用，万物因顺因势而成，

[1] 王弼：《王弼集校释》，楼宇烈校释，北京：中华书局，1980，第52页。

对人而言，人亦因顺道而为，去己之欲。

“知其雄，守其雌，为天下谿。为天下谿，常德不离，复归于婴儿。……知其荣，守其辱，为天下谷。为天下谷，常德乃足，复归于朴”（《老子》二十八章），《老子》常用“谷”“谷神”“玄牝”比喻道，谷神来源于山谷的形象，谿、谷都是地势下陷的地方，只有下凹、有中空的空间才有可能承装，所以谿、谷等概念乃是对“德”字的说明，说明其架构组建义，保持道与人的关系；空去人为，道的流行才具有条件。在《老子》中，“婴儿”多次出现：“专气致柔，能婴儿乎？”（《老子》十章）“我独泊兮其未兆，如婴儿之未孩。”（《老子》二十章）《老子》之所以多次提到婴孩，乃是因为婴孩饥食渴饮，无知无欲，没有刻意、人为和主见，任道而运，纯由道行，婴儿由无知所空缺的位置全由道来运作。

《老子》重去人欲主无为，主张顺（道）守（道），这种立场的彻底性影响到《老子》对道的命名上：“雌”“母”是阴顺的象征，《老子》常以母性比喻道，而不以父比喻道，“母”字在五章中出现七次，而“父”字仅出现一次。“以阅众甫”，这种现象应该与《老子》主张去人为、主顺守的立场一致，母主柔顺，父主刚健，母无为而顺，父有为而健。《老子》以母来对道命名，并不是说道不具刚健义，“独立而不改，周行而不殆”——道显然有健德，只是《老子》出于对人无为、柔、顺工夫的重视，所以就“方便地”将道命名为母，这是关涉人的工夫来说本体。

《老子》的这种对德的认识，其实就是对道和人、物关系的认识。在《老子》那里，道是创生性的实体，是宇宙万物的总根据，所以道在《老子》中是第一位的。但是因为道与人、物的关系是创生与被创生的关系，“德”字不是说人、物禀受了道而内在于自身。这样，道和人、物的关系就是隔绝的，而非内在一体，所以人本身就不具有自主性，“人为”（刻意有意识的做作）在《老子》就没有正面、积极的意义，人的做作反而成了阻碍道的运作的消极因素，“人为”因此在被摒弃的范围之内。当然，《老子》的德毕竟使道、物维系了一种不离不杂的关系，这种关系虽然使得人的积极正面的工夫丧失了可能，但却使得人在消极的工夫里接近道有了可能，所以《老子》道的超越性毕竟不同于宗教人格神的绝对超越性，不是“毁灭性”的超越性，而是在黯淡和灰暗中仍让人有所希望的超越性，而这种希望是握在人自己手里的，对比西方宗教，《老子》的道也可以在不严格的意义上说是既超越又内在的。

在《老子》中，“德”字的“空”“顺”等虚说架构义可以在多处得到印证，在此不再多言。

总之，《老子》“德”字的虚说架构义应当是德的根本意义，德的其他意义当都奠基于此，以之为根据。在理解这层含义后，我们也可以将德转为实体字，但这只是在综合的意义上因道在人身上不离不杂而言的。重要的在于，人并不禀受此道内在于自身而自做主宰，即道在人身上是超越地做主宰，这也是道家末流发展为道教的本质原因所在。所以，在比较模糊的意义上来说，德因为其架构义顺承道，也可以因为其对道的维系说为名词、实体字，但是其中终究存在一种间隙的滑转，而在分析《老子》和《易传》道、德概念的区别上我们所需要的就是其根本的细节区分。在这种根本意义的确定下，我们才可以清晰地了解老子的相关思想及与儒家的本质区别所在，而关于老子的其他问题，比如关于老子对仁义道德的态度问题，关于老子的初衷和其内在理路的困境等，都可以得到答案。

四、“复归于道”：重智的倾向及问题

《老子》德虚说，道、物不离不杂的建构，从今天的角度来理解，可以避免一个理论上的困难（西方同样面临这样的困难），即道、德同一性的困难：道是宇宙创生实体，万物的生化是真实可见、实实在在的，而如说人的仁义道德与道是同一的，那么人的仁义道德的创生性从何处显示呢？从这个角度看，二者是谈不

上同一性乃至相似性的。同时，若说德分有了道，那么这个“分有”是何种意义上的“分有”，这就碰上了像柏拉图“分有说”的困难；如果道通过万物而“体现”，那么道“本”、物“末”截然二分，这既有阐释上的简易性，也有工夫论上的简易性，然而若道、德同一，那么便有道在人身上独特的“呈现”一说，道同时在人身上“呈现”和“体现”，这便出现了“呈现”与“体现”间的矛盾或者说张力，最终落实下来就有是非判断的问题。在这些困难中，老子采取了一刀切的态度，仁义道德在人难以把握，于是干脆让道和人、物断裂，德虚说，摒除人为，去除人的主动性而顺守于道，被动地处在道的主导之下，这样就消除了上面可能的藕断丝连的种种夹杂。

《老子》道、德关系的这个特点决定了其精神品格。“道生万物”，道、物不离不杂，德组建、架构地将二者联系起来，而非物对道有内在禀受和呈现，道为“天下之大公”，不为物内化，不为物私有，以此人、物对于道没有“内容的”体会，道、物的这种关系从理论上阻止了一切刻意、人为的可能——不管是为善还是为恶，人的一切刻意行为在此理路中都没有大的区别。由于道和人的隔绝，人的主观作为没有在道那里获得合法性，人本身的活动、主宰即丧失，这种主观活动合理性的丧失使得“为善”的合法性在老子的哲学理路中亦被取消了，“善行无辙迹，善言无瑕谪”（《老子》二十七章），只有无为才有“大善”，按老子所说，只要人主观、刻意，道在人身上就处于遮蔽状态。而这种道在人、物身上不离不杂地超越主宰，一个后果便是道“本”、物“末”，道作为本体，是大、全，是绝对的价值，而人、物则旁落而为末流，“天地不仁，以万物为刍狗”（《老子》五章），人丧失了自己的主体性和能动性，一出生便如被遗弃的孤儿，如卑微的奴仆，如提线木偶。人在世间，与山川、草木、禽兽并无质的分别，道虽在近旁，却又在天边，天地间一片荒芜和冷漠。

前面曾说过，唐君毅先生对于这种道与人、物的关系认识清楚，他称此道为“无情之道体”，他说:“老子言圣人之容、公与慈，如只是法此无情之道体，即亦如子之仿效其母之所行，非真有见于此行之为当然之善而行之者矣。”“人之所以宜求亦当求其生活之合乎道，在根底上惟依于人之不愿归于死亡，不愿由有而无之一念。然此一念，则为人既由有得于道以生以后，随其生命之存在而自然发出者。故只有主观之意义，而实无客观之意义。”[1]所谓“无客观之意义”，乃是指在老子的哲学系统中，“圣人之容、公与慈”，并非“当然之善”，人的行动乃至于“求其生活之合于道”，都没有得到道的“授权”，没有内在逻辑的合法

［1］唐君毅:《中国哲学原论·导论篇》，北京：中国社会科学出版社，2005，第254页。

性。按说，因为道永恒、绝对存在的光亮，作为绝对价值高悬，世界并非破碎无序，如序中所说“断裂的、破碎的、残片式的”，人世间不至于漆黑一团；但人、物的旁落，终令人生如寄，死如草木凋零，人虽知有永恒价值之存在（此价值也不同于儒家所说的“至尊者道，至贵者德”），但人与道的隔膜，人主观能动性的取消，让人积极的努力变得毫无意义，所以人并不必有向上的要求，今天所谓的仁义道德也非必要。所以，唐君毅先生说“求其生活之合于道”，其目的是消极的，“惟依于人之不愿归于死亡”之一念，仅在于求生之欲念（这种“全身”观念，隐含了后来道教长生不老的追求）。因为，违反道的要求，人的生活和生命是会受到损伤的。

这里，唐君毅先生“求其生活之合于道”之说，近似道家的“人法天”思想，触及了道家的工夫论。为养生、全身，抑或为在这变化万端充满偶然性的世界获得安慰，安顿生命和心灵，人需要接近那绝对、永恒的道，于是便有了道家的工夫论。然而，既然人摒除了自己的主观作为的合理性，那人的工夫论又如何可能呢？老子的工夫论不像儒家那样（工夫即具有本体的意义，下文将细论），其最终目的只是对道有所澄明、有所领会而已，正如张祥龙先生所说:“这本身就是终极的世间是个什么意义上的世间呢？它就是我们天天混迹于其中、被它养育和限制的家庭、学校、交往圈子、职业圈子、邻里圈子、本地本省、社会国家、国际社会……吗？为什么绝大多数人在其中随境浮沉、悲多于欢而并未达到终极开悟呢？回答只能是：我们只有这一个人生世间，此外再没有获得意义和理解的根和源。不过，'生活于世间之中'与'生存于对此世间的领会之中'毕竟不完全等同……"[1]道具有绝对的地位，人应当与道在一起，但是由于道没有在人身上正面内在地落实下来，所以人要接近道，唯一的方式，就只有做外在的智的观照，智和道是对向（或横向）的关系，无智则道无以显；也因此在老子这里，智几乎获得了和道同等的地位，有绝对的优先性，所以老子哲学也就是主智的哲学。这就近似张祥龙先生的看法，对道有所澄明、有所领会。

老子的工夫论与他重智的倾向紧密相关。需要说明的是，此智当然是朝向道的，而非朝向物的世界与经验世界，朝向后者的智，汲汲于功名利禄与经验世界的智巧，是老子明确反对的，所以他说"绝圣弃智，民利百倍"（《老子》十九章）。在老子那里，道生万物，道本、物末，然而人往往舍本逐末。这是因为，人们所在、所见、所闻乃至所思，都与物的世界相关，舍此别无其他。而此世间纷繁复杂，色彩缤纷，人往往沉浸于世间，执着于

[1] 张祥龙:《海德格尔思想与中国天道：级极视域的开启与交融》，北京：生活·读书·新知三联书店，1996，第354页。

外物而不可自拔，然而，“五色令人目盲，五音令人耳聋，五味令人口爽，驰骋畋猎令人心发狂，难得之货令人行妨。是以圣人为腹不为目，故去彼取此”（《老子》十二章），关于物的欲望、关于经验的知识越多，追逐、计较、思虑越多，则离道越远，此世间是人对于道的认识的阻碍。所以，面对经验世界，老子主张做减法，“少私寡欲”，“为道日损”，并且需要做到“致虚极，守静笃”；所谓虚，就是去除对经验世界认识的成见与前见，此即所谓“唯道集虚”；所谓静，就是不被来自经验世界的各种思虑计较所打搅，影响对于道的观照和领悟。这个过程，也就是“绝圣去智”的过程——此智是后天经验认识，而非老子注重的智对超越的道的领会。由此，人需要做去除私欲、成见的工夫，而经过这种种减法，才能洞见、照彻道的光亮，达到“知常”之明（《老子》十六章），老子称此智的观照为“涤除玄览”。经由此工夫，道方可能无减损而全体朗现作用于人的当下生活中，复返归根于大公至正之道（“复命”）。老子的所有这些主张和工夫都在于维持与道的关系、保持对道的智的观照和领会，倘若人处在对外物的欲望中，处在对功名利禄的执着中，纷繁于见闻觉知，则人往往蔽于物而不知道。于是我们看到，在老子这里，人为的积极工夫一旦被阻断，则所有工夫都在消极虚静的工夫中做——而这些工夫的落脚点最终都在智，这是唯一使人与道保持联络的方式。

这种智的观照和工夫，对于人的行动仍然无所助益。人的行动没有积极的意义，即使是“求其生活之合于道”，“在根底上惟依于人之不愿归于死亡”之一念。这种行动的消极性，马一浮先生亦有见：“自立于无过之地，以徐待物之自变，绝不肯伤锋犯手，真是全身远害第一法门。任何运动，他决不参加，然汝任何伎俩，他无不明白。……他看世间一切有为，只是妄作，自取其咎，浅陋可笑。故曰：‘不知常，妄作，凶。’他只燕处超然，看汝颠扑，安然不动，令汝捉不到他的败阙，不奈他何。以佛语判之，便是有智而无悲，儒者便谓之不仁。”[1]这种静观的思路成就的是己物对待、外物的哲学，“自己常立在万物之表”[2]。王船山进一步看到了老子的主智哲学的可能后果：“是故夫智，不丽夫仁则查而刻，不丽乎礼则慧而轻，不丽乎义则巧而术，不丽乎信则变而谲，俱无所丽，则浮荡而炫其孤明。……知而后行之，行之为贵，而非但知也。”[3]船山的这些观察极富洞见，道家末流工夫在智上做，智无色彩无倾向，无所附丽，如朝向道，则如老子有知

[1] 马一浮：《马一浮集》第一册，虞万里校点，杭州：浙江古籍出版社、浙江教育出版社，1996，第45页。

[2] 马一浮：《马一浮集》第一册，虞万里校点，杭州：浙江古籍出版社、浙江教育出版社，1996，第47页。

[3] 王夫之：《船山全书》第一册，船山全书编辑委员会编，长沙：岳麓书社，1996，第824页。

常之明，洞彻达观，可以做到燕处超然；而若朝向物的经验世界，无仁义道德的主宰，无所附丽，则常陷入阴柔之道术，纠缠于阴谋、权巧、诡计，“浮荡而炫其孤明”。老子及道家末流用智方向之别，船山精审地总结为：“故老氏谓上善之若水，……其下者则刑名之察，权谋之机，皆崇智以废德。”[1]

老子的哲学是自我领悟、自我解脱的哲学，通过“涤除玄览”的工夫和智的观照，得以复归于道，则人得以摆脱物累，得以沉浸于绝对、永恒的道的光照之中。这个悟道的世界当然是一个逍遥、无为的世界，正如传说中对于老子的描述那样，老子出函谷关的时候，是背向骑着青牛的——不由人为，由道主宰。这种悠闲与逍遥，虽然在《老子》文本中并无太多文字描述，但在《庄子》中则浓墨重彩大书特书，第一篇即为《逍遥游》，虽然老庄所处时代不同，但是庄子无疑和老子是一脉相承的。这种逍遥，从根本上，来自对道的体悟，对物的了断。悟道之人，心灵的所有指针都朝向永恒、绝对的道，其他则无所用心。于是，“以道观之，物无贵贱”（《庄子·秋水》），对于绝对的道而言，万物齐一，没有贵贱之别、美丑之分、大小之辨、夭寿之差，乃至是非齐一，物我齐一——在道的观照下“道通唯一”，于是，烦恼、

[1] 王夫之：《船山全书》第一册，船山全书编辑委员会编，长沙：岳麓书社，1996，第824页。

忧愁自然烟消云散，不复存在。

道在人身上不离不杂，人、物不自做主宰，也因此，人、物旁落，虽则万物生生不息，实则是一个冷漠而荒芜的世界！而同时，道既然自做主宰，人的主观行动并未获得道的允诺，获得合法性，那么人自无责任承担践行道的“不可承受之重”，天地万物苍生自有道做主宰，于人则毫无干系，于是人在天地间，免去道的承载，毫无责任之负累。

而不同于道家，在儒家那里，人由仁义而呈现天道，人有此承载而“任重道远”，“先天下之忧而忧，后天下之乐而乐”，人承载天道，负重前行。下文将详述之。

五、对仁义的含混立场及困境的开启

在《老子》中，道拥有绝对的地位，且因德的虚说、架构义，人并未内在地禀受道，这使得“人为”的积极正面义丧失，通常所谓的仁义道德也因之取消了内在逻辑上的合法性。

于是，仁义道德落入了第二义，这就是从社会规范上讲的伦理道德——社会组织之所以可能，乃在于规范与秩序的确立，这当然是出于功利性的原因，而与《老子》的道、德无内在的关系。

对此，本章一开始我们就罗列了老子的相关表述，认为老子对于仁义道德持一种模糊而含混的看法。“大道废，有仁义；……六亲不和，有孝慈；国家昏乱，有忠臣。”“失道而后德，失德而后仁，失仁而后义，失义而后礼。”道和仁义至少在字面上有冲突和矛盾，此消彼长，有“国家昏乱”“六亲不和”才有“仁义”“孝慈”的存在；但是老子又把“慈”“简”“不敢为天下先”等品格作为其“三宝”，我们也看到了老子对所谓“孝慈”或“慈”在两种情境中的不同态度。“上德不德，是以有德”，类似这样的表述，显示了仁义道德的施行主体和评价主体不是同一个主体，在老子的内在义理中，这意味着道可以任其运作、发于行为，但是人却不可以对其有所刻意、有所作为，乃至有所意识，人当永远处在不知其所以然而然的自发状态（此即所谓“自然”），而对自身是否有德则应保持“无知”的状态。老子哲学的这个特点，其实暗含了对于真实的仁义道德的肯定，这一点在《老子》有的地方表现得很明显，如“圣人无常心，以百姓心为心。善者，吾善之；不善者，吾亦善之，德善”（《老子》四十九章），不过，这个仁义道德是不应当被主体肯认、主宰，并施行于主动、积极的行为的，仁义道德只需在人自己身上默默地运作，而人只需做虚静无为的消极工夫让它流露出来就可以了。所以说《老子》德的虚说建构义无法让仁义道德正面落实，在其道、德的理论建构中，仁义道德在其中是不相容的。对于这种矛盾和吊诡，老子难道没有认识吗？为什么在短短的五千言中这种矛盾的思想倾向表现得这样明显呢？

在前面，通过分析《老子》的道、德论，尤其是《老子》的德论，我们看到《老子》由于以德的虚说架构义取消了人为的可能性，人的一切做作都被放到了“括弧”当中，放到疑问当中，在这种框架中，人的仁义甚至是《老子》的“慈”都失去了其合法性，仁义和《老子》所尊崇的道在书中属于两个完全不同的序列。至少，道绝对优先于仁义，处在绝对优先的地位，是超越的概念，而仁义因为没有与道的内在禀受关系，所以在《老子》，是外在效法的、偶然的、带有后天经验的概念[1]。所以我们看到《老子》对于人为、仁义的颇多不满。但是《老子》对于所谓“慈”等观点又是怎么回事呢？在经过对于《老子》道、德内在关系的分析后，我们认识到，原因只能在当时的社会因素中去寻找。

[1] 对于《老子》这种优先性的差异，学者大多将《老子》的道当作本体来看，而多泛泛将仁义作为“当然”“应当”的伦理概念来看，这样，道就与仁义割裂，并在仁义之上，具有绝对的优先性。这种观点具有普遍性，比如冯友兰先生的人生四境界说，就把天地境界放到了道德境界之上；陈来先生的《有无之境：王阳明哲学的精神》也将王阳明境界论建构放到了道德论之上，这都是因对道德概念理解含糊而导致的结果。

按照比较流行的看法，老子之世，礼崩乐坏，面对这种社会环境，面对仗持仁义之名伐善施恶、假仁假义、天下大乱的局面，老子已经对于人的仁义礼仪落实的可靠性失去了信心，但老子并不是对于真实的仁义道德持否定的态度，在文本上虽然《老子》把仁义与“国家昏乱”“六亲不和”之类放在一起说，但是仁义显然不是和后者属于一个序列的，所以老子对于仁义道德的态度并不是一味否定的。正如我们反复说的，老子持这个态度，是因为不相信“人为”的可靠性，所以他索性从根本上取消“人为”的合法性，由此道和人、物的断裂，而“人之所以宜求亦当求其生活之合乎道，在根底上惟依于人之不愿归于死亡，不愿由有而无之一念”，没有理论上的必然性。

但是，如果“人间不值得”，一切“人为”都是无意义的，那么，老子写作《老子》五千言这一举动本身就是可疑的，《老子》的写作本身“背叛”了他的思想观念：既然道具有绝对的地位，而人又不可信任，那么老子“立在万物之表”解决自己的问题，逍遥自在就行了，大可不必留下这五千言，因为“天地不仁”，在道之冷漠下，人是不值得拯救的；而他的目的如果就在“不愿归于死亡”之一念，或者对道有所领会，不出户知天下，则他所有文字便和自己的真实意愿相左。所以说，老子自己先天地存在真实的“一念”，并且这“一念”已经通过他的文字呈显了出来：治病救人的仁义与良善。这种真实的良善，不像他的五千言那样是经过思考得出来的理论，不是老子凭借理智思考、思虑计较得出来的，他的这“一念”是不思而得，在他的脑子里真真实实地涌现出来的，冲决了他的理论和观念的限制。这样，我们就看到了老子的真实困境所在：他的理论建构中对道德良知的否定，与现实生存中良知的真实呈显之间的冲突。

这个困境显然在《老子》文本中无法得到解决，因为困境源自两个不同的出发点。道是绝对先天的，但是仁义真的就像老子所断言的那样是与道绝对断绝、隔离的吗？仁义就是后天经验的、偶然的吗？我们在《老子》中所看到的答案是肯定的，道是先于、高于仁义的，仁义是后天的。但是老子对于仁义的模糊而含混立场，以及这“不经意”却“不容已”的“一念”，为我们打开了一扇通往解释儒家独特道德观念的大门。不管老子如何主张道和人、物的断裂以及仁义道德之伪，如何主张去除积极的人为和道德实践，不管这一理论在老子那里具有怎样的内在合理性，老子那治病救人的良善“一念”终于突破了他自己这种理论的前见和限制，突破了《老子》内在理论的禁令，守得云开见月明，真实不虚地呈现了出来，自然而然、不知其所以然地流淌了出来。出于老子这良善的“一念”，《老子》中的思想才得以泽被后世，流传至今。

老子的这种困境表明了良知本身要冲决出来的“隐秘的渴望”，这种渴望甚至是老子自己也没意识到乃至无法限制的，是真实而具有巨大力量的，它使我们隐约看到了仁义远比老子所理解的更丰富。而这就是本书所致力于探讨的另一种意义上的德。王船山对于这种德有一种说法，我们可以作为接下来讨论《易传》的引子：“德不容已者也，致其不容已而人可相道。”[1]这种“不容已”的突破理智限制的力量就是仁义的力量，是天道先天地在人身上的呈显，它证明了仁义和道的同一性。

老子真实的“一念”穿越了偏见和前识的云翳，照亮了丛林和荒野中的林间小路，通向无限温情的人间，于是，禀受天道的人性光辉开始朗照。

[1] 王夫之：《船山全书》第一册，船山全书编辑委员会编，长沙：岳麓书社，1996，第821页。

第二章 「和顺于道德」

——《易传》对道、德同一性的描述

一、《易传》的归属问题及启发

《易传》的归属问题，以及与道家经典《老子》出现时间先后的问题，曾在一段时期内为人所关注。对此，有两种不同的声音。如新儒家熊十力和马一浮先生，认为《老子》乃受到《周易》（两位先生并未对经、传做出区分）的影响才出现。马一浮先生说："吾谓老子出于《易》，何以言之？因为《易》以道阴阳，故长于变。爱恶相攻而吉凶生，远近相取而毁吝生，情伪相感而利害生。这个道理老子观之最熟，故常欲以静制动，以弱胜强。"[1]熊十力先生多次说："道家者流，自《大易》出，老子言一生二,二生三，即本《易》之每卦三画，而疏解之也。老与庄皆言阴阳、变化，其同出于《易》甚明。老言常道，庄云若有真宰，而特不得其朕耳，此皆于变易而见不易，乃《易》之根本大义也。"[2]现今一批学者则力主道家主干说，如陈鼓应先生，他的两本著作《老庄新论》《易学与老庄》寻文摘句，认为《易传》乃受老庄道家的影响而成。

---

[1] 马一浮：《马一浮集》第一册，虞万里校点，杭州：浙江古籍出版社、浙江教育出版社，1996，第44页。

[2] 熊十力：《读经示要》，北京：中国人民大学出版社，2006，第137页。

就两部经典出现的先后，因为《周易》经、传写作时间先后的确定，现今的看法一般同于陈鼓应先生，即《易传》后于《老子》。不过，即使承认陈先生的观点，认为《易传》有对《老子》的继承，但这并不能证明熊、马两先生的看法就全无所见，同时不能说陈先生的观点就一定无所失。其实，熊、马两先生是纯从内在义理骨干出发，而于考据上则无太多理会。陈先生寻文摘句固然找出了《易传》与《老子》文献上的继承发展关系——笔者也将一定程度上在这种关系中进行论述，但是却在义理上缺乏决定和分判，陈鼓应先生说:“就《易传》的思想体系来看，它的天道观、自然观（或说是宇宙观）以及辩证的思想方法，为其理论构架的主干，而以道家思想的影响为最大，其次是阴阳家与儒家。因而，学界一向认为《易传》是儒家的典籍，这观点是错误的。如果就伦理政治的部分来看，无疑它受儒家的影响为大……”[1]这对于儒道二家精神方向并没有抉择分判，而近乎视其为一大杂烩。

本书重点分析儒道二家的道德观，因此本书无意参与以上争论，然而道德观的细致区分需落实到二者内在理路的本质差异上，这些争论所涉及的一些分判反而调动了我们的兴趣，也启发了笔者。如果先暂且承认陈先生的以上看法，那么关键问题是:《易

[1] 陈鼓应:《老庄新论》，上海：上海古籍出版社，1992，第270页。

传》是立足于道家立场而边缘性地融通儒家呢，还是立足于儒家的基本立场，只是为了完成性与天道的形上系统整合，才对《老子》有批判地继承？

如果答案是前者，撇开内在义理就字面而言，我们就遇到了一些基本的疑难，这些疑难直接质疑了陈鼓应先生的相关观点。前面我们已经说明由于《老子》德的虚说、道与人的不离不杂决定了《老子》去“人为”的基本立场，从而致虚守静、主柔顺的义理性格也因此开显。前面已引用马一浮先生对《老子》精神的看法，“任何运动，他决不参加，然汝任何伎俩，他无不明白。……他看世间一切有为，只是妄作，……他只燕处超然”，然而《乾象》言“天行健；君子以自强不息”，《易传》的这种“自强不息”的精神品格显然是与《老子》相违背的。另外，倘若我们按照熊先生的观点，《老子》的道与易道同为创生性实体，那么我们就要问，同一创生实体，落实下来怎么会产生如此重大的差异？

紧接上面的问题来，我们要进一步问：“天行健；君子以自强不息”这一命题中“天行健”与“君子以自强不息”究竟是一种什么样的关系？二者究竟是一种综合关系还是一种分析关系？二者间是否预设着一种理论前提需要进一步说明？如果以《老子》的思路，道与人不离不杂，那么天道之“行”与人（君子）之

“行”（自强不息）则将是一种综合关系，以此不仅君子“自强不息”无法由“天行健”分析出，即使守柔守弱、无知无欲也无法由“天行健”分析出，虽然它在人、道不离不杂的思路下，较之君子“自强不息”与天道的关系显得更近，因为在《老子》那里，人由道直接运作，人与道的关系自然更近。因此在道与人、物不离不杂的思路下，这个命题并不比《老子》守弱、守母、主柔的思想高明；在这个层次上，可以像王船山这样说：“昧者不察，乃谓因动而生四者，吉一而凶三，欲人之一于静以远害，此老庄之余沛，毁健顺以戕生理，而贼名教者也。”[1] 熊先生盖亦有见：“孔子说‘天行健’。……老子耽虚静，于健德没理会。由此，谈人生，谈治化，便多差谬”[2] 以两先生的学力，其看法应该也隐含着一个前提，就这个命题而言，君子见“天行健”，便生“效法”之心而自强不息，这是在《老子》人、道不离不杂思路的综合关系中说的。然而，倘若这个命题是一个分析命题，由“天行健”即可必然无疑地得出“君子以自强不息”，则思路截然逆转，这种关系的潜台词是天、人一体无隔，天道内在于人，天道即人，人即天道，故而当说“天行健”时，“君子以自强不息”则自然演绎而出，属于本质当然、必然不容已的说法，天、人的本质同

[1] 王夫之:《周易内传》，李一忻点校，北京：九州出版社，2004，第474页。
[2] 熊十力:《读经示要》，北京：中国人民大学出版社，2006，第125页。

一性使得天、人的这种分析关系较之《老子》的守弱守柔致虚的思想更具逻辑上的必然性，在理论上也更为圆融。但是，问题的关键在此出现了：这种天、人一体是否仅只是一种猜测而已？如果不是，这种天人一体如何可能？它是一种怎样的天、人一体？因为在老子哲学的思路上也可以在天、人不离不杂的意义上说天、人一体。

《老子》的天、人一体最终要落实到其道、德论上，就像上面说的是一种不离不杂的天、人一体，人和物在这个层次上没有做出区别，也就是说，天、人一体其实就是天、物一体，人在这个层次上不具备区别于万物的属性。庄子的“齐物论”思想正是这个意义上的推论。那么，《乾象》像上面所隐含的天、人一体是否和《老子》的这种天、人一体没有差别呢？君子是否与物处于无差别的同一层次呢？如果是这样的话，我们前面所涉及的陈康先生的“人物之别”就可以普遍地适用于道家和儒家了。但是，《周易》明确主张“三才之道”，人居天地之间而“与天地参”，人能“参赞天地之化育”，我们可以在这里看到，人和物不处在同一个层次。天地化育万物，这在老子哲学的逻辑中即是道本身的化育，而物是道化生的对象，物为“然”，道为“所以然”；而《易传》中“人与天地参”“参赞天地之化育”，人也是作为主词出现的，人也是那个“所以然”，人即道，这是在本质上区别于物的，这就使得《易传》中人的地位大大提升。这是老子思想无法包含的。但是在这里同样出现了一个问题：人作为肉身的存在与物处在同一层次上，即人也为天道所化生，是谓词，但是上面说的人等同于道的化生作用（作为主词）是如何可能的呢？或者说人的化生作用究竟是怎样的化生作用呢？“人与天地参”的含义是什么？进一步追问就是：人的独特地位所依凭的资据是什么？另外，人本身作为化育和被化育的主词和谓词的双重身份是否存在着矛盾？这种矛盾究竟是字面的矛盾还是在人的生存中就有本质的复杂性？我们甚至可以猜测：这种复杂性是不是与老子哲学的思路（对于仁义的质疑，道、物两边）有内在的关联呢？这些问题都需要对《易传》的相关概念进行分析。

在《易传》中，与《老子》极为相左的命题多处可见，这种相左绝非边缘意义上的相左，而是本质上的。在字句方面，《易传》的许多表达也是《老子》书中所没有的。与本书相关的，首先是“道”“德”字出现的差异，在《老子》中，“道”字出现81次（上篇出现36次，下篇出现45次），“德”字出现58次（上篇15次，下篇43次）；而《易传》中，“道”字出现97次，“德”字出现60次——这可以看到道、德在《老子》和《易传》中的重要地位，这是其共同点。但是，《老子》中的“道”“德”字是不可合用的，在《易传》我们却看到了“道”“德”字合用的情况：“和顺于道德而理于义”（《说卦传》），这种区别于《老子》文本的特征是偶然的吗？它是否向我们暗示了某种信息？另外，《老子》中将道维系在物上面来说，从“道生万物”之“生”可以看出道的创生性，“生”在《老子》中出现了39次，且都当作动词单独使用；在《易传》中“生”字也出现了39次，可见“生”字在两个文本中都是重要的，但是《易传》却出现了“生”字叠用的情况：“生生之谓易”[1]（《系辞上传》），这其中是否也暗示了某种信息，透露了二者的区别所在？同时，《老子》中没有出现“性”字，通过我们的分析，在《老子》中道、物并说，万物在根本上是齐一的，我们用王弼的说法即是“末”，所以个体在老子的理论中是没有地位的（虽然吊诡的是，老子的所有理论都与对个体的关注有关），故而《老子》中没有“性”字这是自然的。但是在《易传》中，“性”字却出现了6次，《乾彖》曰“乾道变化，各正性命”，《系辞上传》曰“继之者善也，成之者性也”“天地设位，而《易》行乎其中矣。成性存存，道义之门”，《乾文言》曰“‘乾，元’者，始而亨者也；‘利，贞’者，性情也”，《说卦传》曰“穷理尽性以至于命”“昔者圣人之作《易》也，将以顺性命之理”，这多种表述在《易传》中都极端重要，但在《老子》中却没有，这又是偶然

[1] 这历来是儒家引用频率极高的表述，它已成为呈现儒家义理性格的独特语汇，所以特别值得重视。

的吗？还是《老子》容不下“性”的观念，而在《易传》中由于义理的重要转变，“性”字的出现有了必然性？

上述现象及由此提出的诸多问题极为夹杂，但却有着共同的指向，需要我们从《易传》文本本身进行回答。下面，我们将回到《易传》，来具体分析其道、德概念。

二、“生生之谓易”：作为创生实体的易道

前面多处提到熊十力先生对《老子》的科判：“《老子》者，《易经》之支庶也。……其言道有曰：‘有物混成，……可以为天下母。’此演《易》乾元之旨。……可谓得其蕴。……夫道者，宇宙本体之目。”[1]按熊先生所说，《易传》中的乾元和《老子》的道当同为宇宙本体、创生性实体（不涉及道物关系而单就道本身而言）。熊氏高足唐君毅、徐复观先生也都主此见。如果这种看法无误，那么在《老子》道论中关于道的描述都适用《周易》中的创生实体（易道）。事实上，《易传》里也多有这种乾元创生实体性的表达：

[1] 熊十力：《读经示要》，北京：中国人民大学出版社，2006，第123—124页。

大哉乾元！万物资始，乃统天。（《乾彖》）

至哉坤元！万物资生，乃顺承天。（《坤彖》）

天地感而万物化生。（《咸彖》）

天地之大德曰生。（《系辞下传》）

有天地然后万物生焉。（《序卦传》）

天地絪缊，万物化醇；男女构精，万物化生。（《系辞下传》）

在这里我们看到，《易传》与《老子》中“道生万物”的表达何其相似！区别之处，只在于《易传》出现了名相概念的变化，即以天地、乾坤指代这一创生性的实体。（这种名相概念的变化，我们姑且存而不论，进一步的论证见本章第六节。）暂时忽略这种差异，我们可以将二者视为同一个创生性实体，它们同为宇宙的总根源，所以道的创生实体性在《易传》中原本不失，《老子》对道的多方面描述也适用于《易传》。

然而如前所述，相对于《老子》，《易传》对道的表述出现了一个重要差异：“生生之谓易”（《系辞上传》）——我们由此而将《易传》中的创生实体称为“易道”，以示区别。对于这种差异的深入审查可以通达《易传》对道诠释的崭新视野。这一表述历来受到重视，在理学家的语录中更随处可以看到这一表述的原文和变体。《周易正义》引王弼注云：“阴阳转易，以成化生”，孔颖达疏曰："生生，不绝之辞。阴阳变转，后生次于前生，是万物恒生，谓之易也。前后之生，变化改易。生必有死，易主劝戒，奖人为善，故云生不云死也。"[1]《周易折中》仅引《周易本义》曰："阴生阳，阳生阴，其变无穷，理与书皆然也。"[2]《周易折中》和《周易正义》对此都着墨不多，其原因大概是认为这种看法是定见，无可更改。后人也在这种理解下取其变化不绝之意，再加上对《乾象》"天行健；君子以自强不息"的刚健恒常义的融会，就有"生生不息""生生不已"的说法。熊十力先生就是在这种理解视野下重视易道的"健德"，认为"老子耽虚静，于健德没理会"[3]。实际上刚健之德应该也是《老子》的题中之意，《老子》明言："独立而不改，周行而不殆。"只是在《老子》的义理系统中，并不那么强调而已，因此也不能以此作为区别儒道二家的本质差别。所以，如果把这两个"生"字作为叠字看，则"生生"是作为一种强调，强调天道生化的"不绝"，《老子》的"道生万物"虽然"生"字单用，但也可以包含这一层意义，因为《老子》的"生"字同样有刚健之意。这样理解的"生生之谓易"，并没有表达出与《老子》"道生万物"思想的本质区别来。

---

[1] 王弼注，孔颖达疏：《周易正义》，李申、卢光明整理，《十三经注疏》，北京：北京大学出版社，1999，第271页。

[2] 李光地纂：《周易折中》，刘大钧整理，成都：巴蜀书社，1998，第857页。

[3] 熊十力：《读经示要》，北京：中国人民大学出版社，2006，第125页。

在《周易正义》和《周易折中》等经典乃至后人的理解中，“生生”两个字都是作动词使用的，且主词都为天道、易道这一创生实体，这种“理所当然”的理解在“生生不已”“生生不息”“生生日新”的表达中更为明显。这种理解和《老子》的看法没有本质的区别，但是也可以认为由《老子》的“道生万物”到“生生之谓易”，在意思表达上强调得更为明晰：“道生万物”在表述上，道仍然离不开物，这样在诠说道本身时显得滞碍；而“生生之谓易”则不一样，“生”字叠用，强调的是道的生化作用，避免了在表述上因涉及物而带来的理解滞碍，完全从流行处说，道的流动绵延义得以更充分的体现（这与我们前面谈到的道的本义相契合）。易者，变易，这与《老子》以道指目不离物的流动活动义类似，万物处在流行中，“变动不居，周流六虚，上下无常，刚柔相易，不可为典要，唯变所适”（《系辞下传》），道恒运而不息，在变异中见不易，道体不变，所以“夫《易》广矣大矣，以言乎远则不御，以言乎迩则静而正”，“不疾而速，不行而至”（《系辞上传》），天道恒转不易，故道行健，易道主刚。《易纬·乾凿度》在此意义上，说出了“易”之三义：“易者，易也，变易也，不易也，……故易者，天地之道也，乾坤之德，万物之宝。”[1]

[1] 林忠军：《易纬导读》，济南：齐鲁书社，2002，第77—78页。

这种解释自然不在《易传》的含义之外，但以此解《易传》之思路却不出《老子》，以此就可以如陈鼓应先生所说《周易》是道家书，这样，《易传》中的道德仁义性命的说法将曲折含混，无法获得正面的意义。冯友兰先生就有类似看法：“从哲学史的角度讲，易传的重要不在于这些道德教训，而在于它的宇宙观和辩证法思想。”[1]而从尚变的角度，可以将《周易》看作卜筮之书，这样道德的重要性就受到严重威胁，在这个系统中，卜筮和仁义道德是有些冲突的，所以王船山对此多有批判：“安得此大乱之言而称之哉！此盖卜筮之家，迎合小人贪名幸利畏祸缴福之邪心，……违天地之经以矜其前知”[2]，“充其说，则君可以不仁，臣可以不忠，父可以不尽教，子可以不尽养，端坐以俟祸福之至。……邪说之所由兴，暴行之所由肆，人极之所由毁也。”[3]以此，若坚持上面的看法且以“生生之谓易”为《周易》之宗要，则问题不少。

以上都是以“生生”二字皆为动词来解析的，然而，这种动词叠用的句法是否在古文中存在呢？杨伯峻先生关涉《诗经》解

[1] 冯友兰：《中国哲学史新编》上卷，北京：商务印书馆，2020，第483页。

[2] 王夫之：《船山全书》第一册，船山全书编辑委员会编，长沙：岳麓书社，1996，第650页。

[3] 王夫之：《船山全书》第一册，船山全书编辑委员会编，长沙：岳麓书社，1996，第651页。

说这一现象说:“动词在《诗经》中有重叠现象，都是不带宾语的不及物动词，及物动词没有重叠的。……全部《诗经》中，所有这类重叠字，都是形容词。”[1] 古文中无此由同一主词发出的及物动词叠用的情况。既然如此，则第一个“生”应当为动词，而第二个“生”当为名词，如果要以“生生之谓易”将《老子》代表的道家和《易传》代表的儒家的系统性格进行本质的区分，则这种情况将使我们的处境（即上面说到的，在“生生”是动词叠用的情况下无法使二家的性格有所区分）出现改观。在《老子》中，“生”字单用，但不妨碍其健行的特点，道物并举，但是物是处在诠释道的地位，物的活动义在于道，物则成为了“死物”，成了王弼所说的“末”，人、物没有本质区别，反而人应当复归于婴儿、返朴归真。所以在《老子》的视野中，离开道来说的物不是活物，没有自己真正的生命，两个“生”字都应当由道发出，真实的生命在道。但是在《易传》中，物是有自己的生命的，物本身就是活动的、生长的，在人则尤其如此，因为人可以“与天地参”，“参赞天地之化育”，这样,《易传》系统中的宇宙万物都活了。相对于《老子》寂天寞地的世界，宇宙万物在《易传》里发出了自己惊天动地的声音，万物由原来无法自主的“死物”经过

[1] 杨伯峻、何乐士:《古汉语语法及其发展》(上)，北京：语文出版社，1992，第175页。

《易传》的这一字之动顿时鲜活起来，世界顿时一片生机盎然。由此我们就了解了后儒濂溪窗前草不除，明道“置盆池，畜小鱼数尾，时时观之”[1]，以及宋明理学家对生命普遍重视的本质所在，其目的即在见造物之生意。

当然，仅以一“生”字进行这一阐发仿佛有诠释过度的倾向，但这绝不是作者的臆意，接下来，我们将不断充实这一“生”字的含义。物的内涵在《老子》《易传》两个文本中显然出现了重大的变化，那么，进一步我们要问，人和道、物的关系又是怎样的呢？就像我们上面提出来的，人“参赞天地之化育”究竟是什么含义呢？与这一问题在深层次上紧密相关的，是我们在前面已经提出来的一个启发我们思路的问题，这就是现代两位力能扛鼎且有师承关系的新儒家熊十力和牟宗三先生对道的看法。牟宗三先生对其师继承颇多，但唯独对《老子》的道和儒家的道的看法与其恩师相左：熊先生认为儒家和《老子》的道都同是宇宙创生的实体；牟先生则主张道家是境界形态的形上学，儒家是实有形态的形上学，《老子》道的实体性是虚说的，而儒家则不然。在这里重要的是，为什么有着内在授受关系的两位大师有这样相左的看法？在前面，笔者对此问题略有分疏，但那是就牟宗三先生而说的，现

[1] 黄宗羲:《黄宗羲全集》第三册，吴光校点，杭州：浙江古籍出版社，2012，第699页。

在则需要落实到《老子》《易传》文本中，这些问题，期待着《易传》人、物概念的充实，期待着道、德关系的进一步澄清。

三、天人纵贯一体：道在人、物的内在化

在《易传》中，单就道本身的表述并不多，比起《老子》的描述显得单薄，但《易传》关涉人与物、关涉仁义等层面说却有多处，这也使得人们往往将仁义提出来单说，说《周易》是德性之书且忽略了其本体指向性。如前引冯友兰先生所言，即有将宇宙本体与仁义道德分裂之嫌。《易传》关涉天地人物、性命仁义来言说易道，这一方面造成了诠释的困难，另一方面又提供了理解《易传》言说道的独特方式——这种方式使得《易传》区别于《老子》，拥有了独特的义理性格和精神旨趣，道、物、人混沦说恰与天、人纵贯一体的实质契合。在这里我们将以《系辞上传》第五章的“一阴一阳之谓道。继之者善也，成之者性也。仁者见之谓之仁，知者见之谓之知，百姓日用而不知，故君子之道鲜矣。显诸仁，藏诸用，鼓万物而不与圣人同忧”，综合《易传》其他重要说法，如“昔者圣人之作《易》也，将以顺性命之理。是以立天之道曰阴与阳，立地之道曰柔与刚，立人之道曰人

与义”（《说卦传》），“天地之大德曰生，圣人之大宝曰位。何以守位？曰仁。何以聚人？曰财。理财正辞、禁民为非曰义”（《系辞下传》）等，来理解上面的问题。

《易传》第五章极重要，历来哲学家都对它给予了非同寻常的重视，也因为这样，理解也是分歧颇多，其分歧涉及句法乃至每一个字的具体认识。笔者之所以不揣浅薄将在这里细读此文本，乃在于这段文字对本书的重要性，在笔者看来，这段文字可以决定儒家区别于道家的义理性格，对这段文字理解的到位与否决定了对儒家义理大宗的理解是否准确。与流行的观点不同，笔者以为，这段文字是在处理道与物、人，或说道与气、物、人的关系问题，这种关系不是一般理解的实然的宇宙生成论，而是由气、物、人层面逐一下贯落实，以之对道本身进行“诠释”。纵贯地从各个层面上来解释道，从阴阳到物到人，有一种诠释上的递进关系；这种诠释虽然在着眼点上在于天道本体，却因与人、物有着本体上的相连，从而区别于《老子》的道、物关系，树立了物、人在理论体系中积极、正面的意义和地位——道与人、物从本体上关联，显示了道由潜隐到呈显，由“用”的“体现”到仁体“呈显”的终始过程，人的地位在其中也得到肯定，即成德显仁。

以上决定了不可对第五章分割开来理解，在笔者看来，这段文字简洁而完整，浑然一体，每一句、每一字都有其在整体中不可忽视的理论地位，字字珠玑，密不透风。所以这里的分析也将首先从这段话的结构入手，认识这一点，就可以将其中所展示的儒家系统中道、德、人、物的关系及其区别于《老子》的系统性格描述出来，避免一些一叶障目不见森林的歧见。

1.“一阴一阳之谓道”：以气化言道本身

“一阴一阳之谓道”，对这句话历来就有不同理解，它涉及如何理解一、阴阳、道等概念，徐圣心先生的《阴阳神化与继善成性》对前三句有专门疏解，可参看[1]，《周易正义》引王弼注曰：“道者何？无之称也，无不通也，无不由也，况之曰道。……阴阳虽殊，无一以待之。在阴为无阴，阴以之生；在阳为无阳，阳以之成，故曰‘一阴一阳’也。”孔颖达疏曰：“一谓无也，……故以言之为道，以数言之谓之一，以体言之谓之无”[2]，这种以“一”为“无”的诠释带有王弼道家诠释的倾向，一、道对于阴阳之气有统摄作用，故“无一以待之”，阴阳以“无一”为体，所以

[1] 徐圣心：《阴阳神化与继善成性——宋明儒对〈系辞·上传〉第五章第一节的阐释》，《周易研究》2007年第4期，第75—83页。

[2] 王弼注，孔颖达疏：《周易正义》，李申、卢光明整理，《十三经注疏》，北京：北京大学出版社，1999，第268—269页。

“在阴为无阴，阴以之生；在阳为无阳，阳以之成”。这种诠表道的方式侧重以宇宙生成论诠释道，就语脉而言，下文讲“继之者善也，成之者性也”“显诸仁，藏诸用”皆是就道的下贯义讲，即以“见道”的角度诠表道，而不是以宇宙生成论的角度讲，因此宇宙生成论的理解与整段话的语脉不符。《周易本义》曰：“阴阳迭运者，气也。其理则所谓道。”这是从理气二者之间的关系分析地讲，在这种解释下，便将“一……一”做一整体看，一不再是一个与无、道相同的概念，而是作为“迭运”“流行”义来看，《周易折中》曰“一阴一阳，兼对立与迭运二义”[1]。后人牟宗三和徐复观先生就是在这种思路中，徐复观先生说：“一阴一阳，乃阴阳消息的情形；阳消则阴息（生长），阴消则阳息。阴阳互相消息，循环不已，以成生育万物的变化……”[2]牟宗三先生也强调这种观点[3]，王船山则以此判摄老、释（见《周易外传》)。而对于阴阳，刘笑敢则以为是形式意义上的说法，即阴阳是虚设的。所以在这里，对所谓一、阴阳都需要做进一步的澄清。

对于阴阳，日本学者小野泽精一考证说：“阳、阴的古义，是

[1] 李光地纂：《周易折中》，刘大钧整理，成都：巴蜀书社，1998，第853页。
[2] 徐复观：《中国人性论史·先秦篇》，北京：九州出版社，2014，第187页。
[3] 详见牟宗三《周易哲学演讲录》，卢雪昆录音整理，上海：华东师范大学出版社，2004）相关论述。

向日、背日；据此判别明、暗，……根据其向背、明暗而察知暖、寒。这种暖、寒与气相联系，就被作为暖气、寒气；而表现为阳气、阴气，则显示了从阴阳古意的进一步发展。”[1] 具体到《易传》，阴阳之为气，自不是实然的空气或寒暖气之指称，否则无法构成宇宙万物的生成毁灭，所以阴阳观念有一个发展的过程。前面我们在疏解《老子》道概念的时候说过，《老子》以“流行”义指涉道，以力图克服直接以物言道的滞碍，然而问题是，即使是就流行生化本身言道，在《老子》那里也无法离开物的附着。《老子》书中虽然涉及阴阳观念，“道生一，一生二，二生三，三生万物。万物负阴而抱阳，冲气以为和”（《老子》四十二章），这是宇宙生成论的论述，但是这里的“一”“二”“三”究竟是像王弼解的那样与阴阳无关，还是像刘笑敢先生认为的那样，只是一种形式上的意义，或者如熊十力先生所说就是阴阳之间的迭运，这就很难说，“负阴而抱阳”是一种不严格的描述，不是严格的定义，所以颇多繁杂。但是因为这与本书没有太大的关系，所以可以简略言之。

“道生万物”，道物不二，不离不杂，但是以物指道，毕竟还是嫌附着于物的解说太过滞重，即使以“生”字彰显“流行”的

[1] 小野泽精一、福永光司、山井涌编：《气的思想：中国自然观与人的观念的发展》，李庆译，上海：上海人民出版社，2007，第93页。

特点，仍然可能太过着于物，对于顽固的头脑来说，便可以这样反驳：明明是物在动，哪里有道？这样便只能由物向后退一步，既可以摆脱附着于物之滞重的局限，又可以凸现流行不息的特点，因此《易传》便采用了传统的阴阳观来做诠释。对于物而言，阴阳显得抽象，阴阳是气，气不可见，然而气之聚散消息则有物之成、物之毁，物则可见；气聚为物，物散为气，物之生长发育不离气的消息盈虚，以此，气不变而物有成、毁，所以这里以气指道，则摆脱了物之生死成坏、滞重的局限，而气的恒常运转恰代表了道的恒常不易义。气不可见，但是气不仅是概念，也是实实在在的消长力量。物可见，物以明言；气不可见，气以幽言，所以和鬼神观念存在关系，“精气为物，游魂为变，是故知鬼神之情状”（《系辞上传》），鬼者，归也，物死为气之散；神者，伸也，气之伸为神。阴阳气的消长盈虚，宇宙万物都是气的终始过程，所以物无所谓生死，宇宙间就是一团和气的聚散。

“一阴一阳之谓道”，对于阴阳而言，道是一个综合性的词语，阴阳是气，由阴或者阳甚至阴阳都无法分析出道来，但通过“一阴一阳”——阴阳的对立变化、迭运流行则可见道，有阴阳对立故而有变化，变化即可进一步言流行不息，变化和流行不息并不是道，但是从变化和流行不息却可以见道体的生化和恒常，所以，这种以阴阳流行动态地解说道的方式显然对于以物言道的方式进了一步。但是气化终究是一种实然，所以说："阴阳迭运者，气也。其理则所谓道。"这里的"理"自然不是指条理的"理"，而是作为"阴阳迭运"之实然背后起创生作用的"所以然"来说的，是创生的实体。朱熹在解释周敦颐时也说："即阴阳而指其本体，不杂乎阴阳而为言也。"[1]

《易传》有见于以"一阴一阳"指示道可能产生的误解——丧失其超越义，所以另有言"形而上者之谓道，形而下者之为器"，黄庆萱先生在《"形而上者之谓道，形而下者之为器"析义》中认为形是天象地形之省称，孔颖达在《周易正义》中认为，"道是无体之名，形是有质之称"，朱熹《周易本义》曰"卦爻阴阳皆'形而下者'"，这里就有了两种看法：一是以为"形"就是物，二是认为阴阳卦爻也是"形"。以为"形"即是物的主张显然不合理，因为这样的话，那么"形而下"就可说为"物之下"，这就很难落实，朱子和黄庆萱先生的看法均未对物和"形"的关系有详细说明，"天象地形"太过模糊，"形是有质之称"则更增加了对"质"的解释累赘。由此之难，故船山将"形"字作动词看："'形而下'，即形之已成乎物而可见可循者也"[2]，即把"形"字

[1] 周敦颐:《周子通书》，徐洪兴导读，上海：上海古籍出版社，2000，第53页。
[2] 王夫之:《周易内传》，李一忻点校，北京：九州出版社，2004，第468页。

当成形成义来看，林安梧先生在这个思路上主张将“形”作“形著”义来解，“见乃谓之象，形乃谓之器”可谓一证，笔者认同此义，“形”字当作为阴阳之流行义，阴阳为实在，故有“质”，但却不就是物、器，阴阳有聚有合方可以谓之器，阴阳有质有其活动但不可见，所以可以用船山和林安梧先生的“形著”来解。阴阳流行之实然有其所以然，这就是道，此谓“形而上者之谓道”；阴阳流行聚合生成器物，则谓“形而下者之谓器”，这样形而上、形而下之义就都可以得到落实。《易传》对阴阳的使用可谓巧妙，朱熹对于道器、阴阳、形上形下的认识也很深刻，所以他说“设若以有形无形言之，便是物与理相间断了”[1]，朱子的这一分疏，使道、阴阳、物的关系得到廓清，否则的话就有两个结果：一是使道离阴阳而架空，从而变成一个空概念；二是使得道、阴阳、器物的沟通形成困难，所以以“上下”言，不以“有无”言。

“一阴一阳之谓道”以有“质”之阴阳迭运代替以物直指道，这就使得道的诠释更为清晰而不易引起误解，一则不使道、物有隔，二则道的超越义得以保全，不至于与物同流。阴阳处在道、物之间沟通道与物的关系，但其本身却并非道或物，对比于道而

[1] 李光地纂:《周易折中》，刘大钧整理，成都：巴蜀书社，1998，第903页。

言，阴阳有质有实，通达器物；对比于物而言，阴阳虽有质却不可见，显得抽象，但因此与不可见的道有了“相似性”，通达天道。于是在阴阳观念的沟通下，道物不隔（不二）而有形上形下之分，道物不同（不一）却纵贯上下、一体无隔，由此看来，“一阴一阳之谓道”在对以往以物言道的方式上跨出了重要的一步。

2.“继善成性”：道的内具义

“继之者善也，成之者性也”，对这句话的理解也颇多分歧[1]，

---

[1] 姑且罗列诸家看法，朱子说：“道具于阴而行乎阳。‘继’，言其发也。‘善’，谓化育之功，阳之事也。‘成’，言其具也。‘性’，谓物之所受，言物生则有性，而各具是道也……”（李光地纂：《周易折中》，刘大钧整理，成都：巴蜀书社，1998，第853页）《朱子语类》曰：“‘继’是接续不息之义，‘成’是凝成有主之意。……‘继之者善’方是天理流行之初，人物所资以始，‘成之者性’，则此理各自有个安顿处，……只是这个理，在天则曰命，在人则曰性，性便是善。”（同上，第853页）杨时说：“‘继之者善’，无间也，‘成之者性’，无亏也。”（同上，第853页）熊良辅曰：“天道流行，发育万物。善之继也，‘元者善之长’，善即元也。人物得所禀受者，性之成也，率性之谓道，则性即道也。”（同上，第854页）李光地说：“唯谓之继，则见得天人承接之意……”（同上，第854页）王船山则曰：“成之者人也，继之者天人之际也，……善则天人相续之际，有其时矣。……性则敛于一物之中，有其量矣。”（王夫之：《船山全书》第一册，船山全书编辑委员会编，1996，第1006页）徐复观先生则说：“……‘继之’的‘之’字，我以为指的是由上文一阴一阳的变化而来的生生不息。……此生生不息的继续，用另一语言表达，即所谓‘显诸仁’，即天地仁德的显露。既是仁德的显露，便自然是‘善’的，所以便说‘继之者善也’。……‘善’，在此处还是形而上的性质。（转下页）

就其分歧点粗略言之，乃在所“继”或“成”的主词之所指：主词究竟是指道还是指人、物，抑或另有所指？在这个决定性的问题后，始有各个字的分歧，其中涉及“继”字的实意、“之”字的所指、“善”“成”“性”的具体含义等。

那么“继”字的主词究竟是什么呢？按照句式结构来说，“继之者善也，成之者性也”，对仗严格，结构严谨，应当有共同的主词，倘若“继”字是指“一阴一阳”这种迭运的变化，那么“继之……成之……”的“之”字将无实意，“之”字的这种用法很少见，且这样就丢失了主词，使得原本完整的句子支离破碎，这是不能令人满意的。“继”字当另有主词，按本段语脉，这一主词应当与前面的“道”字呼应，所以“继”字的主词应当是指包括人在内的物而言；同时“继之……成之”这种句式结构决定了“之”字应当有共同的指称，不会像徐复观先生所说的那样前一“之”字指阴阳变化，后一“之”字反过来指本句的“善”那

（接上页）……‘成’，乃成就之成，即具体实现之意。‘成之者’的‘之’，正指的是‘继之者善也’的‘善’。善实现于万物之中……”（徐复观：《中国人性论史·先秦篇》，北京：九州出版社，2014，第187—188页）牟宗三先生则说：“‘成’也是动词，‘之’也是代词，‘之’代道。”（牟宗三主讲：《周易哲学演讲录》，卢雪昆录音整理，上海：华东师范大学出版社，2004，第60页）“完成它就是我们的性。……光讲道不行，要讲成道，成道就是在我这里体现出来。”（同上，第66页）“能够继续下去，这个就是善，……这个善不是道德的规定，不是从孟子的道德的立场规定的善的意义。……是从‘一阴一阳之谓道’讲，这是宇宙论意义……”（同上，第111页）

么佶屈聱牙。上面说过，“一阴一阳”与道是一种综合关系，非分析关系，故“之”指道与指“一阴一阳”意义不同，如果前“之”指由“一阴一阳”的变化而来的生生不息，则道虚悬，上文完全可以单讲“一阴一阳”而不必加上“之谓道”三字，从内涵来讲，“一阴一阳”本身为气的消息，其聚合为物，在物本身即物之生生不息，而用“继”字则有“床上加床”之病，所以，“之”字定指道无疑。前句“一阴一阳”之作用乃在诠表道，此“之”字也当代表道以进一步落实对道的诠释。

那么，这句话是展示一种宇宙生成论还是对道本身下贯的诠表？这是笔者一开始就提出来的问题，如果是宇宙生成论，那么这句话则可以在《老子》的内在理路中得到理解，这样的话，句中的“善”和“性”将会没有着落，失去其独立的意义。以宇宙生成论讲，道创生万物，万物顺道而成，万物以自身体现道，这里讲的“善”自然是在道生化万物上讲，不是在人的仁义道德层面上讲，就像牟宗三先生所说是宇宙论的意义。此时“善”与物、人无关系，全落在道的生化上面，像王船山等人所说落在“天人之际”，所说的是道创生万物却“功成而弗居”之善，这可以勉强讲得通，但是，接下来的“成之者性也”此“性”字在宇宙论的角度上则全无安顿。所以说，将这句话视为宇宙论是不妥当的，那么，便可将这句话视作对道本身的诠释，这句话是从道下贯的一个层面说明道。

“继之者善也”，道为万物所“继承”，这种道在万物就是“善”，只是道在其自身不说“善”，在万物身上而说“善”而已。但是，人的仁义道德四端之心也可以称为“善”，而这里道在人、物身上也叫作“善”，二者是什么关系呢？是有两种“善”，一种从道落实到人身上说，一种从人本身（与道无关）上说吗？还是这所谓的两种“善”原本就是一个东西呢？进一步，在物身上怎么可以说“善”呢？因为物是实然的存在，我们既看不到它像道一样的超越的创生性，同时我们也看不到它像人的仁义一般的善。在《易传》这里则需要进一步分疏，在《易传》天人之学中，道不仅创生万物，也为万物所继承（接下来就有内具潜伏和向外呈显的问题），在物而言，物既无法像人一样表现德行，又没有创生性的特点，但是这在物身上都是“潜伏”着的，万物都有“善”的资具，只是未能够“显发”出来而已，所以接下来讲“性”。性善与心善、德行都需要区分，性善不分显隐，对物而言无法显发；心善则善不昧而有动，故有不安、恻隐之发；德行则见之于事，寻求其宜。总之，性所具之道与善是潜藏的资具，是一永恒的内在资本，但不一定显发出来。

接下来有一个问题，杨慈湖提出：“为何善落在继上，而不在道自身？”徐圣心先生对此说：“其推论应是：善若不在道自身，则道自身岂非不善？若非道自身不善，则即道之自身是善，善不应别寄于任何他处。故别此道无所谓善。”[1]可惜徐圣心先生对这个问题没有进一步回答。对于这一点，王船山的“道大性小说”有论：“‘继’者，天人相接续之际，命之流行于人者也。其合也有伦，其分也有理，仁智不可为之名，而实其所自生。……道大而性小，性小而载道之大以无遗。道隐而性彰，性彰而所以能然者终隐。道外无性，而性乃道之所函。”[2]“人物有性，天地非有性。阴阳之相继也善，其未相继也不可谓之善。……性存而后仁、义、礼、知之实彰焉，以仁、义、礼、知而言天，不可也。……故成之者人也，继之者天人之际也，天则道而已矣。道大而善小，善大而性小。道生善，善生性。道无时不有，无动无静之不然，无可无否之不任受。善则天人相续之际，有其时矣。善具其体而非能用之，抑具其用而无与为体，万汇各有其善，不相为知，而亦不相为一。性则敛于一物之中，有其量矣。有其时，非浩然无极之时；有其量，非融然流动之量。故曰‘道大而善小，善大而性小’也。”[3]王船山以人代物有以偏概全之嫌，但是其“道大而

[1] 徐圣心：《阴阳神化与继善成性——宋明儒对〈系辞·上传〉第五章第一节的阐释》，《周易研究》2007年第4期，第82页。

[2] 王夫之：《周易内传》，李一忻点校，北京：九州出版社，2004，第428页。

[3] 王夫之：《周易外传》，李一忻点校，北京：九州出版社，2004，第224—225页。

善小，善大而性小”说，可以说明船山对上面的问题有清醒的意识，船山之意，不是道、性、善是隔绝不通的，而是说三者的呈现方式和条件不同，三者其实是同一个东西，所以方有“性小而载道之大以无遗”之类的说法。这种诠释给了我们一些信息，这便是善可以在不含本质的区别上划分层次，所以在不严格的意义上也可以将道称为善，《中庸》里就有“至善”之说，《老子》也有“上善”之说，《乾文言》则有“元者，善之长也”的说法，“长”上声，尊长之意，“元”即乾元创生之天道，在这里，善显然是有层次区别的。《周易本义》注释道：“‘元’者，生物之始，天地之德，莫先于此，故于时为春，于人为仁，而众善之长也。”[1] 道在自身为至善、大善、无对待之善，“道无时不有，无动无静之不然，无可无否之不任受”，故相对于在人、物而言的善则是尊长，是“元善”；对人、物所禀受、呈显的善而言，则“有其时，非浩然无极之时；有其量，非融然流动之量”，道受器物、躯壳的限制，无法舒展道的至善，善在人显而为仁（此下节详言）。

“成之者性也”何解？就道本身而言，道任运万物生生不息，亘古长存，自在天壤，变易而不易，自然无所谓“成”，无所谓

[1] 李光地纂：《周易折中》，刘大钧整理，成都：巴蜀书社，1998，第962页。

"毁"。《老子》之道为大公之道，生化万物而不为万物所内禀，道一任而在其自身，冲漠而不仁，故无所谓"成"。但《易传》则发生了很大变化，物不在被动的意义上成为道之奴婢，而在根本上禀受了道，"成"应该像唐君毅和牟宗三先生所言作"完成"解，"善之相继即以'能继之善'之生，完成'所继之善'，以使之实'成'其为善者"[1]，"'成之'就是完成它，这个成不是成就的意思，是完成的意思"[2]，而不应该像徐复观先生那样作"成就"解，道自身冲虚无为，健行不息，完满自足，无所谓"成就"。道纵贯落实到物上，物生则对此终始过程有一"完成"，所以有"成之者性""成性存存"（《系辞上传》）的"成"。这样，我们来试做比照，在《老子》那里，德是虚说的，万物对道本身无所谓"成"，人并未内在禀受道，故而，理想的状态是保持"无知"，去除"人为"，以任大公至正之道运作，这便是复返道。然而在《易传》，物的生则对道有自己的完成，道生物也完成于、内在于物：这样讲道，则万物对道有实体性的禀受；这里讲德，则所"得"不是虚说架构，而是实实在在的"得"，这样"德"在根本

[1] 唐君毅:《中国哲学原论·原性篇》，北京：中国社会科学出版社，2005，第47页。
[2] 牟宗三主讲:《周易哲学演讲录》，卢雪昆录音整理，上海：华东师范大学出版社，2004，第60页。

意义上就是名词，是实体，而且与道是同一的，道、德不二，德就是道在物身上的完成和内具，所以“道”“德”两个字可以分用也可以合用，都表示同样的意思。所以，虽然我们的题目讨论的是儒家的道德观念，在这一节却没有见到“德”字，这是因为，德的内涵和意义其实都在这“性”字上落实下来了。我们这里所有关于“性”字的讨论，实质上都是关于德的讨论。

万物完成、内具道于自身中，此内具之道因为物的限制有显发、有潜隐，“有时有量”。道内在于物就叫“性”，这是道在物身上的独特称呼，这种“在物”不再是与物不离不杂的“在物”，而是与物圆融为一的“在物”，《老子》的道则没有这个特点。《易传》关于“性”的表述很多，如“乾道变化，各正性命”（《乾彖》），“‘乾，元’者，始而亨者也；‘利，贞’者，性情也”（《乾文言》），这里的两种说法，正好可以看到《易传》言“性”的特点。《周易》元亨利贞是一个终始过程，然而这个终始过程既是乾道变化的过程，也是物之生成贞定的过程，二者不可割裂（这里暗含着一个万物内具道何以可能的问题，有关这个问题详见本章第六节的说明）。乾道就是易道、天道实体，乾道不能空言，必须下贯于个体生命，性命又必须通于形而上的乾道，乾道是一刚健而超越的创生实体，变化只是物，乾道无所谓变化，万物乃因乾道而生成变化，以此言“乾道变化”。天道的生成变化使得万物都各自具有自己的性命，“各”字说明的是物对于道的内在禀受、继承问题，即物也具有了道的特性，而不是像在《老子》里那样处在“末”的地位，万物自身具有自己的性和命，但是“各”字不是说各个物所禀受的道不同，或说性不同，而是说万物都禀受天道而没有遗漏，“正”字则在树立物的地位上讲，物不旁落，《易传》使物的地位提升达到和道等同的地位，所以物的位置因此而“正”。

文本疏解到此，则这段文字在本质上非宇宙生成论明矣，正如笔者最初强调的，这一段文字没有一个字虚说。这段文字是“见道”的文字，是对天道下贯描述的文字，与《老子》相比，这段文字全为新见，义理骨干殊异于《老子》，仅举此三句而言，总结言之：“一阴一阳之谓道”，乃在摆脱以物言道的局限，“上”为道，“下”为物，二气贯通；“继之者善也，成之者性也”，讲道、物的关系，但此物的地位与作用却截然不同于《老子》中的物，《老子》中的物是处在被动的“末”的地位，但《易传》的物因道的纵贯落实而内具道于物自身，从而不仅在宇宙论的意义上“被生”，而且是与道同一的“能生”的本体，物的内容因之焕然一新。

但到此为止，我们需要进一步了解：《易传》对物做这种处理的原因何在，《易传》是如何看出了物内具天道以为性的。因为道在物为性，性是道之内具义、隐藏义，是潜而不显、不可见的，这意味着《老子》的物概念和《易传》的物概念，看起来是没有区别的。那么,《易传》是怎样“看”出了物之性呢?

3.“显诸仁”：道在人身上的独特呈显

“显诸仁，藏诸用，鼓万物而不与圣人同忧”，这句话的关键也有多处，如：“显”“藏”二字的所指，“仁”“用”二字的内涵和所指，圣人之“忧”因何而起。

对于这些问题，虽然儒家内部的看法有些差异，但是，对“显诸仁”的理解却语脉大体一致，如《周易正义》引王弼注曰：“衣被万物，故曰‘显诸仁’。日用而不知，故曰‘藏诸用’。”孔颖达曰：“‘显诸仁’者，言道之为体，见仁功，衣被万物，是‘显诸仁’也。‘藏诸用’者，谓潜藏功用，不使物知，是‘藏诸用’也。”[1]《周易本义》曰：“‘显’，自内而外也。‘仁’，谓造化之功，德之发也。‘藏’，自外而内也。‘用’，谓机缄之妙，业之本也。”王凯冲曰：“万物皆成，仁功著也，不见所为，藏诸用也。”程子曰：“运行之迹，生育之功，‘显诸仁’也；神妙无方，变化

[1] 王弼注，孔颖达疏:《周易正义》，李申、卢光明整理,《十三经注疏》，北京：北京大学出版社，1999，第270页。

无迹，‘藏诸用’也。天地不与圣人同忧，天地不宰，圣人有心也，天地无心而成化，圣人有心而无为。”吴澄曰：“‘仁’者，生物之元，由春生而为夏长之亨，此仁显见而发达于外，长物之所显者，生物之仁也，故曰‘显诸仁’。‘用’者，收物之利，由秋收而为冬藏之贞，……故曰‘藏诸用’。……天地无心而造化自然，非如圣人之于民，有所忧而治之教之也。”[1]胡炳文曰：“在圣人者则曰仁与知，在造化者则曰仁与用。”[2]

以上看法虽然对于“藏诸用”的理解有大的分歧，但对于“显诸仁”则大体一致，即主张主语同为天地、易道，在道的造化处见“仁功”，是谓“显诸仁”。由此看来，则仁为泛泛而论，恰如老子之所谓“天地不仁”之“仁”，而非特指人的德性如仁义等而言。在《易传》中出现的“仁”字还有：“立人之道曰仁与义”“何以守位？曰仁”等，若以此泛解仁，那就和王船山的“道大性小”说一样，仁也有层次，人也应当有“大仁”“至仁”之称以示区别，像庄子所说的“大仁不仁”中的“大仁”那样。所以我们就要问，这种以道的生化说仁是否合于《易传》原意？

整段文字在指示道的含义，在上面我们已经说明，“显诸仁，藏诸用”的句式结构，按整段文字的语脉，二者应当有共同的主

[1] 李光地纂：《周易折中》，刘大钧整理，成都：巴蜀书社，1998，第856—857页。
[2] 李光地纂：《周易折中》，刘大钧整理，成都：巴蜀书社，1998，第857页。

词——这就是道，注家盖多见后面有“圣人”出现，所以对整段话的主词有疑惑，方有这种将“仁”字归诸“道生万物”上来说，以此为思路落实“显诸仁，藏诸用”之义。由上面引用的陈述，我们大概可以将“藏诸用”归于三种解释：(1)百姓日用而不知，故“藏”诸“用”，百姓日用为“用”，不知故“藏”；(2)万物彰著，而道隐不见，则“用”谓万物，“藏”就道的不见处说；(3)“用”为收物之利，秋收而闭物，则为“藏”诸“用”。这三种解释大体上仍都归于对“显诸仁”的理解，即在道、物之关系上说显藏、仁用。就道创生万物来说，就物而说是道之“显”，此物即道生物之“用”，且就物以显道之仁，这样便可如此替换为：“显诸物，藏诸物”“显诸用，藏诸用”，仁即物而见，没有独特意义，而这时“显诸物，藏诸物”即可在《老子》的思路上解释，在这里仁是泛指虚说。但这时，道的“显”“藏”则丢失了其严格的区分意义，按笔者所见，这种解释丧失了诸概念的独特性，含糊不清，而且，这种理解将这句话从整段话中孤立出来，没有看到整段话里的层次关系。

前面已经说到，如果对物禀受道以为自己的性缺乏理解，因物本身的内具之道是潜具未显的，那么《易传》的物“看起来”将和《老子》的物无异，因为《易传》中的物所谓“内具”之道只是一种理论的说明，物未将其“显发”出来，这也将影响对道的理解，那么，“物内具道以为性”这种认识何以可能呢？（注意：这只是认识何以可能的问题，而不是物内具道本身何以可能的问题。）所以，这就既需在理论上——通过下面对“显诸仁”的分析我们将了解——又要在实践上做进一步的说明。按照全段的语脉，这种解决到这里可以说具有了逻辑的必然性，那么这种解决是否给出了呢？毫无疑问，如果按照上面流行的解释，即不以仁特指人，而泛指道的生化，那么这种解决将无法给出。这个问题的关键是道本身是否呈显的问题，当然不是上面说的以物、用说“呈显”，而是道本身的“呈显”，如果道本身不容已地呈显出来，那么《易传》的物区别于《老子》的物的特性就从实践上彰显了出来。

笔者认为，“显诸仁，藏诸用，鼓万物而不与圣人同忧”是《易传》此段文字在结构层次上的进一步深化，它是对上面这一问题的解决。上面罗列的诸多解释使这句话诸概念的内涵扁平化，其原因就在于对“仁”字的解释限定在“道生万物”上，而不是在“立人之道曰仁与义”上，这样就造成隔阂，与整段文字失去严格联络，同时又使得局部的解释显得牵强。如果像笔者一开始解释的那样：这段文字乃重在道、物、人纵贯上讲，所以道不离物、人而孤说。按这种解释，“继之者善也，成之者性也”，道在物而为性；“显诸仁，藏诸用”则重在道在人身上说，“鼓万物而不与圣人同忧”恰恰与人密切相关。道有“显”有“藏”，严格对待，就道之生成万物讲，万物皆为道之用，万物乃“然”，道乃“所以然”，仅就道与物的生成关系而不就物对道的禀受关系言，我们看到的物是静态的“然”，而道则在物而不即为物，而需通过物直观证悟“藏”在物背后的道，以此便说道乃“藏”诸物用之后，即“藏诸用”也；道、物除了生成关系外，还有重要的禀受关系，物禀道以为性，内具道于自身之中，此时便有此内具之道是否可显发出来的问题，物具道为性，此物包括了人，但是物不可将道“显发”，而只为一永恒而潜伏之资，人的独特性就是能够将道显发出来，人所显发出来的道在人身上就是仁。所以，此仁就不是从“道生万物”上说，而为特指人的仁义之仁，此仁并非在道外，不是在道外单独有一个东西是仁；仁与道是同一个东西，仁是道在人身上呈显的独有概念而已。经过这一环节，在不严格的意义上，也可以按引文中诸儒所说，“道生万物”是仁，因为仁与道是同一的，仁的显发自然也可说是道的功用，但是如果不把这一环阐释清楚，那么也将如我们论及《老子》的“德”字一样，不经心的滑转就错过了关键。

在此思路上，仁是特指人的，是道在人身上的独特呈显，此意与《易传》中其他的“仁”字可以会通，《易传》中出现的“仁”字，也不在“道生万物”的功用上说，“仁”字在《易传》中凡出现9次，《系辞上传》曰“安土敦乎仁”“仁者见之谓之仁”，《系辞下传》曰“小人不耻不仁，不畏不义，不见利不劝”，《乾文言》曰“君子体仁足以长人”“君子学以聚之，问以辩之，宽以居之，仁以行之”，《说卦传》曰“立人之道曰仁与义”，所有这些，除了一两处需要进一步解释外，其他诸处皆特指人无疑。孟子“尽心知性知天”的命题对于识仁见性的工夫说得更为明白，笔者在后面将论及。

因为仁，物之性可见矣。天道内具人、物同为性，但人之外的物却无法将道显发出来，人则为万物之灵，虚灵不昧，故能将此性圆通无碍地显发出来（仁）。仁触机缘而发，但是仁却不是偶然的、经验的、后天的，因为仁和道是同一的，这样仁就有其先天性以及定然不移之稳定性。

这样，《老子》的问题因为仁在人身上的呈显得以解决，仁是一种“天命不已”的“沛然莫之能御”，是一种“不容已”的力量在人身上遇缘自然而然的呈显，而绝非“刻意”的“人为”，也可以说是《老子》中所说的“无为”。但这不是说人没有主宰意识，道为人所禀受，人自身因此有了自主性和能动性，对其有“内容”的认识和主宰。在老子，其著书以示人就是一念良善的呈现，这“不忍人”的一念即是天道“显诸仁”，但是老子没有正视之而树立起仁义在其理论中的正面位置。并不是老子对人的仁心之呈现没有察觉，而是对仁义的客观普遍落实缺乏信心，前面已说明，这大概因为老子的时代境遇使得他对仁有了根本的质疑，故而老子强硬地把仁与道、性之贯通为一的本体同一性肢解掉了，以此，老子对仁义持一种含混不清的立场。

那么《易传》承认人的仁义道德，是不是就视老子的担忧于不顾，简单粗暴，而忽略了人的后天经验、成见对于仁义的客观实行可能产生的影响呢？不然，所以接下来有“鼓万物而不与圣人同忧”，《系辞下传》也说：“作《易》者，其有忧患乎？”圣人当为仁体现的最完满的代言人，是“人之极”，但是圣人仍然有“忧”，此忧虑应当像老子一样，与对仁义道德的客观落实的信心有关。圣人看到了人与物有别，道在人身上有着直接圆通无碍的呈现，但是人与物一样，也是被创生的，这就意味着人同动物一样，有着各种欲望，饥食渴饮、生老病死，而人随躯壳所起之念却是与仁的呈显矛盾地处在一个同一体中，环境、习俗、成见等具体之因缘的复杂性往往又使判断难以的当客观，这样天理与人欲就在人身上出现了一种紧张关系。但是，天道本身却是任运不息、“鼓万物”而无不正的；人则兼天道、人欲而两之，故有偏，有不正，天理、人欲的混杂模糊性使得判断标准问题出现，所以即使人无一丝欲望，一如“文王之德之纯”（《中庸》），但是人欲也几乎时时在天道本体的一旁阴暗地觊觎，所以圣人“戒慎乎其所不睹，恐惧乎其所不闻，战战兢兢，如临深渊，如履薄冰”（《中庸》），也就有了儒家工夫修养的必然性（关于这一点，圣人之“忧”在孟子“尽心”概念上有必然性的落实，本书将在第四章有所疏解）。

但是，《易传》对仁义实行之难的认识与《老子》有根本不同，因为《易传》对仁义的本体有着确信，即相信仁义和天道是同一的，《老子》则不然，这就导致了二者工夫论的巨大差异。

四、从智到仁：对《老子》道诠释方式的发展

通过上文的疏解，则前面提出的诸多问题都可以得到落实：

（1）在《老子》那里，德虚说起架构作用，道由此超越地与人、物不离不杂，无法在人、物身上做到正面落实，所谓物之性、人之仁都不可能在《老子》的义理系统中找到位置；如果德是在引申义上使用，或借用了当时的说法作仁义与规范义解的话，那么道、德在《老子》中完全是两个性质不同的概念，自然无法合用，所以《老子》中没有道、德合用的情况。但是在《易传》中，道在物为性，在人呈显为仁，人得于道的性、仁本质上就是道，是实体字，道、德有着本质的同一性，所以在《易传》中，道、

德可以分开说，也可以合说为“和顺于道德”。

（2）在《易传》中，人的独特位置得到落实和彰显，人在天地万物中，独得而可以呈显此道，故而从道“一阴一阳”创生万物的宇宙生化过程而最终于人身上得以圆融无碍地显发，人的地位不可取代，否则天道“藏”矣。故而人的道德实践不仅是人本身成德的要求，也是天道实体生化不息这一成德过程的最终一环，在人身上因仁而得以完成。在此意义上，人即是世界的本体，即是宇宙的最终目的，所以人为天地间至尊至贵者，“最秀而灵”者，故而在本体的意义上可以说天、人一体，而不是《老子》中道超越地与人、物不离不杂的意义上的天、人一体。

（3）天道生化万物不息，人即尊此天道而虚灵不昧，有畅然显发，故“《易》之为书也，广大悉备：有天道焉，有人道焉，有地道焉”（《系辞下传》），天地列位，而人居其一，而“与天地参”，借其所显发之仁参与天地之化育，而君子之“自强不息”亦因天道之显发而有，其“自强不息”乃因天道本体内具于人之中“不容已”的显发，而非综合的、外在效法的“人为”。在这个意义上，我们就可以理解仁义道德对《周易》卜筮的作用，在卜筮中，人的仁义道德往往影响着卜筮的结果，这是为什么呢？这是由《周易》关于仁义道德和变易的思想决定的，天道创生万物，主宰万物与宇宙的秩序，但是这种创生与主宰不是宿命式的，不是“前定的和谐”，而是处在活动变化中，易道不易，但万物“变动不居，不可为典要”。更为重要的是，人的参与很大程度上也在改变着世界的秩序与性质，因为仁义道德是和超越的天道同一的，所以它同样有生天生地、神鬼神帝的创生作用，人的道德影响着卜筮的结果，所以《周易》说“吉凶由人”。人以此仁区别于物，亦可以区分于他人，故孔子曰“仁者，人也”，《中庸》则有“肫肫其仁！渊渊其渊！浩浩其天”，如序言中笔者所引，此言深矣、远矣！

至此，则儒家仁义道德的先天性明矣。人之仁义道德即同一于“於穆不已”的天道、易道，冲虚无对，“先天而天弗违”。而仁义道德对于人自然更具有绝对优先性和第一序的意义。人之道德是天道的持续绽放和呈显，人的仁义道德即天道本身，故无所谓仁义道德和天道符合不符合的问题，在此意义上，仁义道德更不是所谓的外在规范、规则之死框，它是亘古长存、生而具有的人之为人之先天禀赋，是本体上存有的，而非经验的、历史的、偶然的。

从《老子》到《易传》，我们已经展示了对于同一个创生实体（道）的两种相去甚远的诠释，《老子》《易传》都是对道做的形而上的说明。就道本身说，二者的道同为创生性实体，但是由于《老子》和《易传》不同的“信仰”导致了两个言说体系的巨大差异:《老子》由德的虚说架构义的建立，不承认人对道的内在禀受和能动主宰，我们可以称这种诠释为“形式的解说”；而《易传》由于对道的内在下贯，承认人、物之性以及人之仁的正面位置，这就使得道在人身上有了正面的、积极的内容，人在日常生活中不假刻意思索就可以肯认它，所以我们称这种诠释为“内容的诠表”，内容的诠表实际上也是“实践的诠表”，因为仁义道德必须付诸日常的实践。

《老子》《易传》对道的这种诠释路向的不同导致了一系列重要差异，如二者工夫入路的差异。在《老子》那里，一则道“本”、物“末”，人与道隔离，工夫并非必然的要求；二则《老子》取消了人在“内容”上对道进行“内在体证”的可能性，因此只能有智的“外在观照”工夫，这种对道智的观照只能是横向的，人要对道有所领悟，就要做“致虚守静”“日损”的消极工夫，这是一个背离人间与世俗，走向独处与山林的过程。在《易传》那里，道与仁同一，这种内容的诠释路向使人的道德仁心当下呈显，不需穷索，不需防检，人顺着仁义道德进行逆觉体悟即可，相对于道家的横向工夫，这可谓纵贯一线的工夫。儒道二家的这种工夫入路产生了截然不同的理论后果：一则苦心经营于人性之灰暗、权谋之机，重“阴谋”的韩非、李斯等法家可谓《老子》的合理发展；而儒家主张人“与天地参”，虽有“时”有

"权"，但以仁心呈显为定准，"择善而固执之"，正视世俗生活，顶天立地，是光明大道。二则儒家心性神道体一体无隔，工夫在心体上做，所以有"存心养性"之说，而为捍卫此心性，"志士仁人，无求生以害仁，有杀身以成仁"（《论语·卫灵公》），"天下无道，以身殉道"（《孟子·尽心上》）；道家没有儒家意义上的心性概念（其心性多为虚说），所以工夫在"气"上做，重"养生""长生"，后来道教追求长生不老就是这种工夫发展的结果。三则《老子》的道实际上是与人隔绝的，它完全是一种超越的性格，这就为它后来发展为宗教提供了可能；但儒家的天道却同时超越而内在，所以追求现世生活的圆满，讲求"极高明而道中庸"，其理想是"满街都是圣人"。

在落实了《易传》第五章道、性、仁的纵贯一体，即天和人的内在同一后，需要回答《易传》里一个表面上的矛盾。我们说天、人纵贯一体，但是《易传》明言"三才之道"，《系辞下传》曰："《易》之为书也，广大悉备：有天道焉，有人道焉，有地道焉。兼三才而两之，……三才之道也。"《说卦传》曰："昔者圣人之作《易》也，将以顺性命之理。是以立天之道曰阴与阳，立地之道曰柔与刚，立人之道曰仁与义。兼三才而两之，故《易》八画而成卦；分阴分阳，迭用柔刚，故《易》占位而成章。"非难者于此处会说：这里明明有天、地、人三道不同，又何以人道即天道？接笔者前已疏解之义，则可以将此三才之道贯通起来落实。“立天之道曰阴与阳”“立地之道曰柔与刚”不是严格的定义，而是在道之展示性“体现”与“呈显”上说，“道通为一”而有呈显之殊，道在呈现上有多层次的特殊性，否则阴阳之气聚而有人、物，人、物散亦为阴阳之气，则亦可说“立人之道曰阴与阳”，则成混乱。同时，笔者已于前处指出“天地”之含义，亦当随时随文理解，不可执定。《中庸》说“上天之载”，这里的“天”是隐喻性的，是指超越的道本身，而非实指，为表示“天”的这个特点，所以有一“载”字，所以朱熹在论周敦颐太极图时说：“苍苍者是上天，理在‘载’字上。”[1]邵雍说：“以天地观万物，则万物为万物，以道观天地，则天地亦为万物。”[2]朱子说：“天地便是大底万物，万物便是小底天地。”[3]“天地”可泛指道又可总指万物，而在此处，顺上文疏解“一阴一阳之谓道”之义，说“阴阳”乃在于隔离开物与人，而单由“一阴一阳”之抽象而不可见之流行迭运义说天道，故可说即阴阳之“形”而说“形而上”——道本身，故天道不为实然的“苍苍者”，天道由隔绝物、人的“阴

[1] 周敦颐：《周子通书》，徐洪兴导读，上海：上海古籍出版社，2000，第51页。
[2] 邵雍：《皇极经世书》（三），郭彧、于天宝点校，上海：上海古籍出版社，2017，第1150页。
[3] 李光地纂：《周易折中》，刘大钧整理，成都：巴蜀书社，1998，第514页。

阳”处立，所以说“立天之道曰阴与阳”；阴阳之气抽象而不可见，然而又是有“质”之实在，阴阳之气合则物成，则“质”可见，可见则“刚柔”现矣。张载说：“《易》一物而〔合〕三才：阴阳气也，而谓之天；刚柔质也，而谓之地；仁义德也，而谓之人。”[1]吴澄曰：“天之气有阴阳，地之质有柔刚，人之德有仁义”[2]，所以“地”亦不单指“块然”者，非实指大地，乃泛指万物言，“立天之道曰阴与阳”，由阴阳说天道，此与我们疏解的“一阴一阳之谓道”意义相当，而说“立地之道曰柔与刚”，则是在物的层面进一步说道，“刚柔”取物之质实可见这一特点以区别于“阴阳”之不可见，所以说“立地之道曰柔与刚”，在这一点上张载亦有见：“地，物也；天，神也。”[3]“立人之道曰仁与义”与“显诸仁”联系，则人道之仁义，乃天道在人身上独特的呈显，但人道不异于天道。以此可见“三才之道”不相隔离，而是道本身不同的展示方式而已，道无对，故立天、立地、立人而曰天道、地道、人道，实则一矣。以阴阳说天、刚柔说地、仁义说人，乃在于取这三者独特性的标志特点而说，但这三者与其特点都不与道离，所以说天道、地道、人道，如果要将这三者落实到第五章

[1] 张载：《张载集》，章锡琛点校，北京：中华书局，1978，第48页。
[2] 李光地纂：《周易折中》，刘大钧整理，成都：巴蜀书社，1998，第1007页。
[3] 张载：《张载集》，章锡琛点校，北京：中华书局，1978，第11页。

来说，就是我们已经说明的三个层次：就气—物—人而说道—性—仁，而我们对于《易传》第五章三句话的解释说明可视为对于“三才之道”的说明。其所呈现的义理与“三才之道”等说法并不矛盾。

五、“仁者见之谓之仁，知者见之谓之知”之实义

仁在《易传》第五章中的内涵和地位一旦明了，则“仁者见之谓之仁，知者见之谓之知，百姓日用而不知，故君子之道鲜矣”之实义也当明了。

然而，历来对此处“仁者”“知者”“日用”“君子之道”理解亦有分歧，《周易本义》曰：“‘仁’阳‘知’阴，各得是道之一隅，故随其所见而目为全体也。‘日用不知’，则莫不饮食，鲜能知味者，又其每下者也。然亦莫不有是道焉。”[1]《周易正义》引王弼注曰：“君子体道以为用也。仁知则滞于所见，百姓则日用而不知。体斯道者，不亦鲜乎？”[2]王宗传曰：“仁者知者，鲜克全之，

[1] 李光地纂：《周易折中》，刘大钧整理，成都：巴蜀书社，1998，第854—855页。
[2] 王弼注，孔颖达疏：《周易正义》，李申、卢光明整理，《十三经注疏》，北京：北京大学出版社，1999，第270页。

百姓之愚，鲜克知之，此岂在我之善有所不足，在我之性有所不同与！非也，盖在限量使然尔。君子之道，乌得而不鲜与，'君子'者，具仁知之成名，得道之大全也。"[1]胡炳文曰："在造物者，方发而赋于物，其理无有不善，在人物者，各具是理以有生，则谓之性。其发者，是天命之性，其具者，天命之性已不能不丽于气质矣。'仁者''知者''百姓'，指气质而言也……"[2]牟宗三先生说："顺着我们性体而行就能体现仁、智，仁、智都是我们性体的内容。但表现我们的性体也有差别，不能把你的性体圆满充尽无漏地表现出来。所以，通过性表现道也只表现一部分，每个人表现性表现一部分，不能把道的全体全部朗现出来。……可是假定你这个人比较偏于表现仁这方面多一点呢，我们说你这个人是仁者，就是说你这个人的性情较容易表现仁这个virtue。……假定你表现智的方面充分一点，那么我们就说你这个人是智者，智者当然也可以表现道呀，所以智者就说道就是智。假如你这个人偏于表现义方面，你就说道是义。假如你这个人偏于表现礼呢，也可以说道就是礼。……至于一般老百姓，是'百姓日用而不知'。"[3]这古今众多的说法，虽表述有差异，但对所谓"仁

[1] 李光地纂:《周易折中》，刘大钧整理，成都：巴蜀书社，1998，第855页。
[2] 李光地纂:《周易折中》，刘大钧整理，成都：巴蜀书社，1998，第855页。
[3] 牟宗三主讲:《周易哲学演讲录》，卢雪昆录音整理，上海：华东师范大学出版社，2004，第112页。

者”“知者”的看法却是统一的，即视其为“得道之一隅”，君子之道则为“得道之大全”，细言之，仁、智乃被当作德目（仁、义、礼、智、信五德中的德目）来看待；就分歧而言，则又有在层次上“每下者也”（朱熹）和仁、智并列的说法（牟宗三）两种。这些说法是否合于原意呢？以下试做分析。

把仁、智都视作德目，按字面来看，则仁、智并列，然而到百姓则是“每下者也”，就三者的层次而言，这种表达不是条理规整的。否则要么三者都是“每下者也”，不至于仁、智并列；要么三者同为并列，不至于在“百姓处”突然转折为“每下者也”。就语脉而言，三者应当有一种见道逐渐下降即所谓“每下者也”的层次，所以只要将这个层次的义理厘清，则对于仁、智并列的说法当有进。仁、智被视为并列的德目是在牟宗三先生的思路上，否则“知者”无处安顿，至少在这段文字上“知者”无内容可充实，而“仁者”则与后面的“显诸仁”相呼应，但对于在德目的意义上说仁、智，在字面同样存在一些问题：儒家仁、义、礼、智、信并立，为何在此单提仁、智，而不说其他？而如果说单提仁、智乃出于其重要性故省略了其他，那么就要问，就排列顺序而言仁、义、礼当优先于智，且就《易传》本身而言，仁、义并列数见：“立人之道曰仁与义”“何以守位？曰仁。……禁民为非曰义”，则在重要性上，义的重要性当大于智无疑，为什么突出仁、智而不提其他呢？以此，仁、智在此当有所特指，有其特殊意义在。再者，以仁者、智者为“得道之一隅”，而君子为“得道之大全”，则在整段中，君子概念孤悬，而无法得以确定；按仁者、智者、百姓三者“每下者也”的关系而言，“百姓日用而不知”，前面理当有“全知”以立标准，故以形式言，此处亦不能令人满意。

所以理解整句话的关节点在于如何理解仁者，其次，则需要对智者何所指亦有疏通，再次，则“百姓日用”之“日用”指何者亦有待厘定。

因仁者在此的重要性，所以笔者已先将“显诸仁，藏诸用”在前文予以疏解，在对仁有了了解后，对于仁者的定义则可有更深的认识。按照整段话的语脉，先说性善，再说“仁者见之”“知者见之”“百姓日用而不知”，即在表示人对这一“性善”所见的差异，接下来“显诸仁”则解释“仁者”“仁者见之”之密义，故“显诸仁”当承“仁者见之”而来。在前面，笔者已经指出，仁乃道在人身上之“当然不容已”的呈显，此力量至大至刚，沛然莫之能御，即是道体本身，人以此而立于天地之间，参天地之化育，故人是最秀而灵者，最为天下贵。人区别于万物以仁，人与人之区别亦以仁（就呈显的程度而言），以此，仁而不昧、满心而发者便是仁者。所以，仁者之仁并不是“得道之一隅”，而是

"得道之全体"，因仁即道，仁是道之呈显，故仁不当作为德目与智并列，"仁者"是一个区别字眼，因仁者特异于、区别于智者的地方就在于仁，故以特异处目之，称为"仁者"，所以仁者即是君子。仁者所见即是"君子之道"，以此"君子之道"在此段文字中则有落实，不为空头孤悬之概念。《易传》说"君子体仁足以长人"，亦显见仁不为德目，而是君子全德之表征。仁者、智者、百姓是就见道而言逐渐递减"每下者也"的程度言：仁者全见此仁，朗现无碍；"百姓日用而不知"；智者则介于其中。

那么智者是否有具体所指呢？本章一开始便提出《老子》和《易传》的关系问题，若按陈鼓应先生言《易传》晚于《老子》，则笔者以为《易传》"仁者见之谓之仁，知者见之谓之知"当为儒家意义上的"判教"，乃是对儒道二家之别精审而的当的剖判，所以智者乃特指道家老子之流，何以见之呢？

前面我们已经指出，《老子》中道、德分立，道在《老子》中具有至高的地位，然而由于德虚说，就社会历史的影响因素言，《老子》对于道在人身上"於穆不已"的仁之呈显持一种怀疑乃至否定的看法，于是在其义理中使道的呈显从人身上剥夺，造成道与人之隔绝。《老子》视道呈显于人的仁而不见[1]，从而使得在人

[1] 前文所说牟宗三先生彻底的心学立场在此见，即必须有道德内容之逆觉证悟始可言天道实体，《老子》书中这个内容的缺失，使得牟宗三先生将（转下页）

身上具有绝对优先性、第一序的仁体崩落，退而求智的直觉观照。道家的这种特点前面已有说明，此智拒绝经验，而诉诸直觉，其目的在于复归于道、返朴归真，《老子》的这种失去“大本之仁”的智被道家后学继承，《庄子》的“虚空生白”“唯道集虚”“心斋”“坐忘”都是《老子》略大本而主智理论的应有的发展。然而无仁之主宰，智无主脑则邪，后世韩非法家之流则流于“阴谋”，由此世无贞主，世界漆黑一片，国家政府便成一无底之可怕的深渊。前面引用马一浮先生说：“以佛语判之，便是有智而无悲，儒者便谓之不仁”[1]，“老子病根所在只是外物，他真是个纯客观、大客观的哲学，自己常立在万物之表。”[2]而王船山亦对此有见：“非至健，则明不出于一颎，而无以豫万变；非至顺，则道隐于小成，而无以善永终。故以在人之知行言之：闻见之知不如心之所喻，心之所喻不如身之所亲；行焉而与不齐之化遇，则其诉拒之情、顺逆之势、盈虚之数，皆熟尝之而不惊其变，行之不息，知之已全也。故唯乾之健行而后其‘知’为‘大始’也。”[3]“是故夫智，不丽夫仁则察

（接上页）其道的创生实体视作一种姿态，是虚说的境界形态的形上学；熊十力先生的心学立场没有牟氏彻底，故其能承认《老子》道的实体性。

[1] 马一浮:《马一浮集》第二册，虞万里校点，杭州：浙江古籍出版社、浙江教育出版社，1996，第45页。

[2] 马一浮:《马一浮集》第二册，虞万里校点，杭州：浙江古籍出版社、浙江教育出版社，1996，第47页。

[3] 王夫之:《周易内传》，李一忻点校，北京：九州出版社，2004，第414页。

而刻，不丽乎礼则慧而轻，不丽乎义则巧而术，不丽乎信则变而谲，俱无所丽，则浮荡而炫其孤明。……知而后行之，行之为贵，而非但知也。……惟不知此，故老氏谓上善之若水，而释氏以瓶水青天之月为妙悟之宗。其下者则刑名之察，权谋之机，皆崇智以废德。”[1]

王船山之意明，则《易传》中仁者、智者的所指当明矣，《易传》的仁当以特异于道家而言，道家主智，见道不见仁，儒家则兼仁、智而两之。《周易本义》曰：“天地之道，知仁而已，知周万物者，天也。道济天下者，地也。‘知’且‘仁’，则知而不过矣。”[2]《系辞上传》曰：“知周乎万物而道济天下，故不过；旁行而不流，乐天知命，故不忧；安土敦乎仁，故能爱。”智为对道之领会，道为智之主体、大本，道之大本立，此道即仁，则知周万物，而不察不刻，不慧不轻，不巧不术，不变不滑，是为不过，不流于邪群，乐天知命，爱人不忧。故孔子曰“择不处仁，焉得知”，《乾彖》曰“大明终始”，前已明“终始”即道之“一阴一阳”生化万物至“显诸仁”以成德的过程，也是道最终在人成德的过程。“大明”即智，此智是对“终始”之道的照彻与澄明，是对仁与天道之“不过”“不流”之领会，故人言仁则智亦从之。道不

[1] 王夫之：《周易外传》，李一忻点校，北京：九州出版社，2004，第12页。
[2] 李光地纂：《周易折中》，刘大钧整理，成都：巴蜀书社，1998，第849页。

死，在物而“隐”“藏”，在人则“显”而“大明”不昧，则人之智全在“大明”道之“终始”上言，又何至于陷入阴谋、权术与邪见？

孔子对智与仁的关系也有深入思考：“知者乐水，仁者乐山；知者动，仁者静；知者乐，仁者寿。”（《论语·雍也》）又说：“知者不惑，仁者不忧，勇者不惧。”（《论语·子罕》）这两处中的“知者”未必是孔子特指老子而言，以孔子的立场，仁是“全德”，而非德目中的仁，故而也统摄了智，即纳智为自己的组成部分，所以仁者也可“乐”“动”“乐水”，但是反过来却不适用于智者，仁者和智者不可以作互文来解，在孔子那里仁对智的优先性是明显的（关于这一点我们可以在本书的第四章了解到）。“知及之，仁不能守之，虽得之，必失之”（《论语·卫灵公》），“择不处仁，焉得知”（《论语·里仁》），仁是主导性的、第一位的，指导着智的方向，所以对于这句话不能以简单的互文现象看待，智者在这里虽不一定必指老子，但至少指向道家及其末流无遗，那么，这句话究竟有什么特殊的意义呢？

结合上面我们对《老子》《易传》的分判，所谓“知者乐水”，水在这里是取其流动意，作用大概有二：（1）代指创生之道的“周流不息”，道即流动之物而见，“知者乐水”就在说明智者所乐在以水之动见道；（2）代指智者本身的特点，智者虽然主张经验意义上的无知无虑，但仍然主张智的观照，这一点我们也已有所说明，智者舍此没有其他的路径接近道，智者的特点就是智的运思之“动”，与其主张的虚静工夫并不冲突，所以说“知者动”；智者的这种智的观照、“乐水”“动”皆在于获得一种超脱的大乐，此乐非对经验事物的占有，而是对超越的道有所领会，有智的照彻——此乐即庄子之逍遥之意。

所谓“仁者乐山”，后儒已有理解，理学家对《艮》卦的看法即是一证，二程说：“看一部《华严经》，不如看一《艮》卦。”[1]佛家的智慧就在转识心为智心后，以智心（法界真如）出发对世界朗照遍现为庄严世界，对于儒家的仁者而言，这仍然是《老子》意义上的智的观照，所以主张看《艮》卦。艮为山、为止，静而不动，这种静止与儒家的“仁行”之“动”并不冲突，相对于水的流动性，山巍然不动，是人依靠憩息之所，人依靠它则当止则止，不纷繁于思虑见闻。此山自然不是现象意义上的山，而是指天道在人身上直贯无碍的仁的呈显，此先天的仁是在后天经验思虑中的人的依止之所，所以孔子说“志于道，据于德，依于仁，游于艺”（《论语·述而》），“仁者安仁”（《论语·里仁》），天道在人身上呈现，人畅通其源，当下实现之即可，不须防

[1] 程颢、程颐：《二程遗书》，潘富恩导读，上海：上海古籍出版社，2000，第132页。

检，不须穷索，此即是大易的“易则易知，简则易从”的易简之道。所以仁者依于仁故“乐山”，此乐山不妨乐水；依于仁，故“静”，此静与动无对；仁者依于仁而行，仁是安宅，故“不忧”、不劳；心宽体胖，故“寿”，这是从现象层说“仁者寿”，也可从超越层的天道说，仁即是天道，所以天道恒常，仁即恒常；不说“仁者乐”，并不是说仁者不乐，孔子说“不仁者不可以久处约，不可以长处乐”（《论语·里仁》），可见乐也是儒家的题中之义，但是在这里不说，乃在于突出儒家的标志性特点。明朝学者曹端对孔颜之乐的解释值得一提：“孔、颜之乐者仁也，非是乐这仁，仁中自有其乐耳。”[1]说明儒家的这种乐不是孤悬的乐：天道内在于人为仁，人有此仁，则乐自然而然，并不是另有对象，所以儒家的乐依于仁而有，并不孤悬。所以，儒家之乐是“负重”之乐，和道家“逍遥”之乐大有区别。

需要指出的是，仁对智有绝对的优先性，但儒家并不排斥智，在仁的统摄下，智的作用是无法忽视的，它往往涉及仁的具体落实与展现，本书第三章我们将论及这一点。

[1] 黄宗羲：《黄宗羲全集》第八册，洪波校点，杭州：浙江古籍出版社，2012，第359页。

六、乾坤知能并建：道、德同一性的终极视域

让我们在这里重申引言中所提出的问题，当前学界对于儒家天道“生生”的创生作用和仁义道德的关系，一般界定为“实然”与“应然”、“存有原理”与“应然原理”的关系问题，这种观点的推论便是二者在逻辑上的断裂，即儒家的道德不存在必然性，我们已经提到普特南、袁保新、刘笑敢等先生的看法，这些观点是将儒家的道德观念割裂地分别置放于西方本体论和伦理学的范畴中去考察的做法。

劳思光先生在其《新编中国哲学史》对“价值”之“ontological interpretation”是否在理论上有根本困难也有过专论，可视之为对牟宗三先生“道德的形上学”以及本书的发难。其意见如次：

> 考察此问题，须从价值问题本身说起。
>
> 所谓“价值问题”，用日常语言表之，即是涉及“应该”或“不应该”之问题，可简称之为“应然”之问题，以与“实然”及“必然”之问题区分。
>
> “应然”问题涉及“价值”，“实然”问题涉及“事实”，“必然”问题涉及规律。三者之分别甚明。
>
> ……

吾人如确知“价值”问题不是可通过“客体性”以解释者，则凡一切诉于“存有”以说价值之理论，无论如何复杂精巧，基本上必不能成立；由此，一切以“形上之规律”或“宇宙之规律”为依据，而欲解释“价值”之说，亦皆有根本困难。《易传》理论属于此种通过“存有”以解释“价值”之理论，故亦有根本困难。

……

“心性论”之哲学，乃以“主体性”为本者；“形上学”及“宇宙论”之哲学，皆是以“客体性”为本者。二者乃类型完全不同之两系。[1]

再通过阅读劳氏其他评论，我们可以发现劳氏的重要立场和论断：（1）劳氏以西方的立场为出发点，以西方的范畴来衡量中国儒家《易传》体系，如严重的主客对立、实然与应然范畴之分；（2）儒家的道德是“价值”“规范”之义；（3）孔孟由下而上从仁见天道的“主体性”的入路，与《易传》由上而下天道纵贯“客观的”解说为两个不相容的体系。通过我们前面对《易传》的分析，这些问题其实已经基本落实。

---

[1] 劳思光：《新编中国哲学史》（增订本）卷二，北京：生活·读书·新知三联书店，2019，第110—112页。

实际上，也正如我们前面提到的，学界的这种看法近似于《老子》，所以《老子》一方面在去“人为”摒除了仁义道德的可能性的同时，另一方面也将自己“人法天”工夫的必然性阻断，老子骨子里所藏的“隐秘的渴望”——仁义善念在其理论中没有树立起必然性。所以，刘笑敢先生所说的“儒家的天、天道、天理、天命之性也都是既有实然的意义，又有应然的意义。承认中国哲学史上的这一基本事实，并不会造成哲学概念或体系的‘破裂’”，严格来说，这用于儒家可，用于《老子》则不可。

但是，由《老子》的这一思路（以及当前学界比较普遍的看法），则可以继续问：天道仁义之同一性何以可能？因为前面所论的同一性只是一种认定和描述而已，未提供同一性的根据。对于这个问题，《易传》未正面回答，但却提供了一个不可问所以然的视域，这就是乾坤知能并建的终极视域，即乾坤、道德、仁义的相互生成、构成的不可分离的境遇。这个视域拒绝了西方传统由主客二分对立思路而来的“何以可能”的“真理符合观”的追问。《易传》中，天道与物的互相构成，使得仁义道德与天道同一成为事实，仁义道德与天道是一非二，故不存在符合不符合的问题，而追问原因，其本质即西方认识论上的“符合”问题，它所处理的是经验的问题，所以只要《易传》能够提供出一个天道与仁义的终极同一性的视域，上面的问题就消解了。

这种视域的提供区别于《老子》。在《老子》书中，道生成物，道是“本”，物是“末”，二者判然分立，并未能够提出一个终极同一的视域，所以这种“外物”的倾向实际上类似于西方的二分思路，这种思路阻碍了通往天道仁义同一性之路，也拒绝了物禀道以为性之可能。然而《易传》出现了重大的变化，重视乾坤并说：“乾、坤，其《易》之门邪”（《系辞下传》），“乾坤，其《易》之缊邪？乾坤成列，而《易》立乎其中矣；乾坤毁，则无以见《易》”（《系辞上传》），“是故阖户谓之坤，辟户谓之乾，一阖一辟谓之变”（《系辞上传》），历来思想家对乾坤并建原则也相当重视，王船山曰：“大哉《周易》乎！乾坤并建，以为大始，以为永成……”[1]熊十力先生的作品则以乾坤并建为纲领，马一浮先生亦主之。乾坤非与其他六十二卦并列之两卦，而乾不即为阳，坤亦不即为阴。所谓“乾阳物也，坤阴物也”等，都非严格定义，仅是漫画式的说法而已。

那么乾坤究竟在说什么？乾坤并建相对于《老子》“道物两边”的说法又在何处发生了根本性的转变呢？这就须进一步了解乾坤之所指及乾坤之间的关系。

《乾象》曰“天行健；君子以自强不息”，《坤象》曰“地势

[1] 王夫之：《周易外传》，李一忻点校，北京：九州出版社，2004，第206页。

坤；君子以厚德载物”，天地对举，前面已经说过，天地是象，其所指之意则非自然之天地，按“天行健”“地势坤”的说法，则天地间有一应承关系。说“势”，则必有先行之物，势的形成必因畅通方显，有阻有难则无势，所以坤所代表的即是“顺”德，故《系辞下传》曰：“夫乾，天下之至健也，……夫坤，天下之至顺也”，《坤文言》曰：“坤至柔而动也刚，至静而德方。后得主而有常，含万物而化光。坤道其顺乎！承天而时行。”天地对举，乾坤对举，坤地之所承即健行不息之乾天也，天健行不息，地则顺天之健行。天行健，在取象上乃借天之幽冥玄深而雷霆相鼓、云行雨施，以天之动而不息说健；而地之顺，则取行地无疆、承载万物、品物流行之意。但天地终究非严格定义，故而《易传》由天地之象抽象为乾坤，乾坤为德，虽涵阳阴，却非即是阳阴，故称“阳物”“阴物”。

在疏解“三才之道”时，笔者已经说明天即代指《老子》之创生性实体道，地即代表物，创生性之道运动不息，物即顺之以成，这种健行和顺承相互匹配，物一形成就是对道的顺，故物可谓“至顺”，物即是顺本身。在这个理解下，道与物便成了一个近似相互构成生发的视域，道物绝不可二分。然而在《老子》中，道物两边，物是一个指针，说物是为了诠释道，道具有绝对的本体性地位，故生天生地，而物成、物毁对道而言并无多大关系。

《易传》仿佛对此有觉察，不言道物，而由天地象之局限进一步言乾坤，故曰乾坤并建。《老子》的物是被动无自主之死物，在本体论上处在“末”的地位；但是坤的说法即“顺德”言物，则物是活物，无物之顺德则天之健有险有阻而无势，则天无以见，故《系辞下传》曰“乾、坤，其《易》之门邪”，《系辞上传》曰“乾坤毁，则无以见《易》”。

在乾坤并建的视野下，由乾之创生到坤之终成，便成了一个“终始过程”。《乾彖》曰“大哉乾元，万物资始”，《坤彖》曰“至哉坤元，万物资生”。《朱子语类》曰：“‘资始’是得其气，‘资生’是成其形。”[1]以乾坤之终始过程，则乾坤之截然分判打破。《乾》卦四德“元亨利贞”对于“乾道变化”而言，“元亨”是变化之始，“利贞”是变化之终成，“元亨利贞”是“乾道变化”的终始过程。“元”是时间概念，更是本体概念，有“元”之“始”，才有“亨”之“通”，牟宗三先生说：“亨是通，此通是内通，即，内在此元而有不滞不碍之圆几。……亨是内通，利即外通。外通而有向性，即能成万物而各正其性命，此即所谓‘贞’。至各正性命便是善终。”[2]“乾道变化”不是虚妄空无的，而

[1] 李光地纂：《周易折中》，刘大钧整理，成都：巴蜀书社，1998，第516页。
[2] 牟宗三：《才性与玄理》，吴兴文主编：《牟宗三文集》，长春：吉林出版集团有限责任公司，2015，第93页。

必须落到具体的成物过程中。《乾文言》注“元亨利贞”时说：“‘乾，元’者，始而亨者也；‘利，贞’者，性情也。”道在物，方有“性情”之名，否则无所谓“性情”。故说“‘利，贞’者，性情也”，则是由物德坤之顺成说，乾元创生，坤即顺承以贞定之以为物，故说乾则坤亦在其中。《坤文言》曰：“坤至柔而动也刚，至静而德方”，坤德至顺，故可以说柔、静，但动、刚从何处说呢？乃就乾健动不息之刚处上说，所以吴澄说“坤体中含乾阳”，何楷说：“坤固至柔矣，然乾之施一至，坤即能翕受而发生之，气机一动，不可止遏屈挠，此又柔中之刚矣，乾动坤静，定体也，坤固至静矣，乃其承乾之施，陶冶万类，各有定形，不可移易，此又静中之方矣，承静者体也，刚方者用也。”[1]《坤文言》曰：“后得主而有常，含万物而化光。坤道其顺乎！承天而时行。”至此则更明矣，“得主”即乾之健行有常，“后”即逻辑上之“后”，因说“顺承”则必有所顺之“先”，故说为“后”；“含万物而化光”，坤德乃就万物顺承道之“顺”德本身上说，故曰“含万物”，“化光”乃乾坤始终，至坤则德圆定；物成，则乾之生化在坤物上得以昭显，“承天而时行”再申前义，坤顺而应乾不违。所以，说坤则乾亦在其中，二者交融一体，相互作用生成，

[1] 李光地纂：《周易折中》，刘大钧整理，成都：巴蜀书社，1998，第990页。

于是说坤则不失乾德健，说乾则不失坤德顺，《易传》乾坤始终一体之终极构成视域取消了二者之对立。按此思路解析，以《老子》的名相可说为道在物，物有道，二者相互构成，彼此不分。王船山有见于此，故力斥《老子》“道生天地”两边对立之论，曰：“乾坤并建，以为大始，以为永成，以统六子，以函五十六卦之变，道大而功高，德盛而与众”[1]，“乾坤并建于上，时无先后，权无主辅，犹呼吸也，犹雷电也，犹两目视、两耳听，见闻同觉也。故无有天而无地，无有天地而无人，……无有道而无天地，而曰‘一生三，德生天地’，其说诎矣”[2]。

《易传》的这种乾坤并建的原则，影响了其对道的言说方式。如果我们按《老子》的思路孤离、分析地说，乾是元、始，坤是成、终，那么我们上面所说的创生实体的道即是乾，坤即是总说万物，但在《易传》乾坤并建的原则下，这种道物截然二分的说法失效了。因为二者是彼此相融一体的，所以《易传》对道的表达发生了重要变化，“乾、坤，其《易》之门邪”，“乾坤，其《易》之缊邪？乾坤成列，而《易》立乎其中矣；乾坤毁，而无以见《易》”，“是故阖户谓之坤，辟户谓之乾，一阖一辟谓之变”，“易”之名取代了道的说法，但是“易”包含了道且综合了更

[1] 王夫之：《周易外传》，李一忻点校，北京：九州出版社，2004，第206页。
[2] 王夫之：《周易外传》，李一忻点校，北京：九州出版社，2004，第207页。

多细微而具体的内容，物因素也在里面，我们称之为“易道”，道、物二者并列以“易道”征表之，可见物层面的正面树立。

这种乾坤并建的终极视域也涉及“知”“能”的关系问题，不把握这一终极视域，则知、能无法理解。“天行健”，行健乃天之能，无能则天无所谓行健；“地势坤”，坤顺之所以可能，必须先知之，无知则无所谓顺。从根本处说，能关联于乾之行健不息而说，知则关联于坤顺承乾之动处说。但是由于《易传》的乾坤并建、终始一体的终极视域，则乾健行之能、动、作亦可由坤处说，而坤顺承之知亦可由乾处说，故《系辞上传》曰：“乾知大始，坤作成物。乾以易知，坤以简能；易则易知，简则易从；易知则有亲，易从则有功；有亲则可久，有功则可大；可久则贤人之德，可大则贤人之业。易简，则天下之理得矣；天下之理得，而成位乎其中矣。”无乾坤终始一体相互构成的视域，则无法了解关联着坤说乾、关联着乾说坤的表达，在理解这一段文字时便会出现极大困难，且对后面出现的“知”字无法以“主”义一以贯之，两“知”字将出现两个含义，这是不能让人满意的。如朱熹一系主张“知”字训为“主”，《周易本义》曰：“‘知’，犹主也，乾主始物……”[1]吴澄曰：“‘知’者，主之而无心也。”[2]牟宗三与唐君

---

[1] 李光地纂:《周易折中》，刘大钧整理，成都：巴蜀书社，1998，第830页。
[2] 李光地纂:《周易折中》，刘大钧整理，成都：巴蜀书社，1998，第830页。

毅先生亦秉此见："'乾知大始'，'知'不是知道。知，主也。乾元是创造原则。"[1]这种理解是一种孤立二分的理解，是就乾论乾、就坤论坤的说法，未能联系乾坤并建原则以坤说乾、以乾说坤来诠释，就乾本身言，自然是"主始物""主之而无心"，是"创造原则"，这无人反对，但是以"知"字训为"主"则为附会。且坤德为"顺"，健动之"作"由乾而来，故孤离的解释，从"知"字训"主"开始，接下来的解释都不能令人满意。

王船山、马一浮因能充分重视起乾坤并建的原则，故力辟朱子以"主"训"知"字之误。王船山曰："然则独乾尚不足以始，而必并建以立其大宗，知、能同功而成德业。先知而后能，先能而后知，又何足以窥道阃乎？异端者于此争先后焉，而儒者效之，亦未见其有得也。夫能有迹，知无迹，故知可诡，能不可诡。异端者于此，以知为首，尊知而贱能，则能废。知无迹，能者知之迹也。废其能，则知非其知，而知亦废。"[2]王船山此判亦可用于上文有关仁者、智者之判，对往贤带有强烈的道家诠释立场予以针砭，如吴澄曰："'知'者，主之而无心也。'作'者，为之而有迹也。"船山迎之而上，承认"能有迹，知无迹"，但却认为这

[1] 牟宗三主讲:《周易哲学演讲录》，卢雪昆录音整理，上海：华东师范大学出版社，2004，第44页。
[2] 王夫之:《周易外传》，李一忻点校，北京：九州出版社，2004，第207页。

能、迹是儒家的骨干，能不可诡，对于知有绝对之优先决定性，否则“知可诡”，则知、能废矣。

以乾坤并建之终极本体宇宙论的原则来诠释此段文字，则极为清晰。乾坤并建而合一，就整个终始过程而言，乾健行创生，坤对其有知，故乾不仅健行，因坤对乾之大始之知而有知，故有“乾知大始”；乾之健之作、能，坤亦顺承之而有，故“坤作成物”。乾能而不赴险难，因坤知而“易”；坤知而不乱，因乾能而“简”，故“乾以易知，坤以简能”。“易”乃说乾之健行因坤知而不昧，故“易知”而不赴险难，“简”乃说坤之知顺应乾能而有主，故不乱而“易从”，“从”则从乾之能，故“易则易知，简则易从”。易知则乾道不孤悬，有和顺之坤物，故“易知则有亲”。“易从”则万物因乾道而生生不息，故“易从则有功”，如此等等，则有“富有”“大业”之说。

乾坤在相互生成的终极视域中，言乾不离坤，言坤不离乾，知能不二，这种源发性的构成视域从根本上拒绝了由主客二分思路而来的追问。以上文字，若以主客二分思路而论，则陷入了诠释上的循环之病，而不可解矣。从乾坤并建、知能合一的终极视域上看，《老子》因其前见亦不能有所解。在这种源发的构成视域中，万物禀受道以为性则为当然之事。此道在人、物即为能，由前面“显诸仁”的解释而来，圣人能清明无碍地让此性、能呈显出来，即“圣人成能”（《系辞下传》）。而百姓因气质之碍未能朗现，或在生活中这呈显仅是“几希”而未能扩充之，此所谓“百姓日用而不知”，此谓“百姓与能”（《系辞下传》）。此道、物、人，天、地、人，道、性、仁之同一性，因乾坤并建的终极构成视域而得以说明。后儒孟子说为“良知”“良能”：“人之所不学而能者，其良能也；所不虑而知者，其良知也。”（《孟子·尽心上》）可谓对《易传》知能并建的最显著、有力的发挥。

我们已经给出了《易传》对于乾坤知能并建的思路，这种终极一体的视域拒绝了对其依据追问的可能，西方理性式的追问乃是在其传统的符合真理观下的追问，所面向的是现象与经验层面，儒家天道仁义的同一性是展现式的同一性（恰如海德格尔的“存在”概念），是超越的本体层面，于西方符合式的经验认识论追问并不相同。所以说，更为重要的与其说是论证不如说是“信仰”，因为天道呈显为仁还远没有进入经验层面，所以从经验出发，以符合观为立场出发的追问实际上是错位的。

西方的话语方式可以引发很多问题，如本书在引言中就提出来的“应然”与“实然”的分立问题，又如一个貌似有理的问题：天道的创生是实实在在的创生，我们眼见万物因之生长，但是仁义的创生性何在？这也是比较普遍的提问，答案就隐藏在上面我们已经说明的理由里。这个问题的症结在没有领会天道仁义的同一性是展现式的同一性，它不能从经验意义以及由此抽象出的所谓“相似”“同一”来看。我们也可以在经验的意义上尝试做出比附，如天道和仁义的关系就如水和水蒸气的关系，它们的不同是同一物展现方式的不同；又如同一个影子倒映在岸和水面上，其不同处，如岸上的影子静止不动，水面的影子则随波荡漾。然而比喻终究有隔，天道仁义的深刻关系是借助任何经验的比喻都无法完整表达的。而说仁义道德无法创生实在的万物，在于未能理解“创生”一词之实义，天道的创生性在于说明天道的虚灵性，天道无形无体，不盈不溢，但万物却因之生生不息，此即示其虚灵不昧的特性；而仁义道德无形无体，却触事即发，也是虚灵不昧的，所以孟子说为“良知”“良能”，荀子说其为“虚壹而静，谓之大清明”(《荀子·解蔽篇》)，大程以“手足痿痹谓之不仁”，就此而言，可以说仁的创生性。若固执于可见的创生，我们也可以说先天的道德心创生了道德行为，实际上前面已经说明，“仁以行之”，仁已经是第一序意义上的行了，但在这里我们不妨再做隔绝的说明，可以说道德仁义创造了道德行为，举事亲来说，孝心为道德心，孝行为晨定昏省、嘘寒问暖的行为，前者不可见，后者则是实实在在可以看见的道德行为，以此我们可以说道德心创生了道德行为。再就此“仁行”的结果言，则有家庭之和睦、社会之和谐、天下秩序之永续以及宇宙之生生不息，而非矛盾冲突、混乱无序和毁灭崩塌，于此也可说仁之创生之意。

然而一旦有仁心与仁行之分野，另一个问题也出现了（这也是老子所担心的问题）：由先天的仁心而发的行为是否一定允当不误呢？或说先天的仁心是否有着在现实生活中恰当落实的必然要求呢？这就是关于“义”的问题，这里就有仁和义的关系问题。在这个“缝隙”中，价值判断和后天规范等问题才算真正介入进来了。

第三章 「理于义」

——儒家道德的后天规范维度

仁在人身上圆融无碍的呈显就是“和顺于道德”，仁与天道先天纵贯一体，“先天而天弗违”，“以言乎远则不御，以言乎迩则静而正”（《系辞上传》），至大至刚，沛然莫之能御，人凭借此道直可“参赞天地之化育”“与天地参”。所有这些，都是由“显诸仁”所开显出来的仁的先天性；说“安土敦乎仁”“宽以居之，仁以行之”“君子体仁足以长人”，这些都可以说是天道在人身上不容已的呈显——可以“显诸仁”一语概括之。

然而值得注意的是，《易传》中，“显诸仁”是“和顺于道德”，但完整的一句话却是“和顺于道德而理于义”。前面提到的重要观念“三才之道”，其中的“人道”内容是“立人之道曰仁与义”，《系辞下传》还说“天地之大德曰生，圣人之大宝曰位。何以守位？曰仁。何以聚人？曰财。理财正辞、禁民为非曰义”——所有这些经典表述，都是仁义对举。《孟子》书中亦多仁义对举之词，“王何必曰利？亦有仁义而已矣”（《孟子·梁惠王上》），“虽存乎人者，岂无仁义之心哉？”（《孟子·告子上》），“仁，人心也；义，人路也”（《孟子·告子上》），所以说，义不论是在《易传》还是在原始儒家中都极为重要。在我们疏解了“和顺于道德”后，这里义与仁的紧密相关性就需要落实。倘若说仁是先天的，是从心所欲不逾矩，是从容中道、与物无对的，那么，儒家道德的这个先天维度与一般所谓的后天规范向度又是什么关系呢？林安梧先生说："一说起'道德'必然要说其法则义、规范义、限制义，那是不能忽略的。"[1]在儒家的经典"十三经"中，关于礼的经典占到三部之多，如何解释礼在儒家中的这种位置？如何落实作为后天规范的道德在儒家中的地位？

一、居仁由义：对道德之日用的先天要求

"显诸仁"之"显"必在日常生活中落实，天道之呈显必因具体之因缘而触发，《说卦传》说"圣人成能""百姓与能"都意味着儒家道德的先天性不是与生活隔绝的，而是当下在日常生活中呈显的，道德的日常呈显即是"行"，所以《乾文言》曰"宽以居之，仁以行之"，《系辞上传》曰"神而明之存乎其人；默而成之，不言而信，存乎德行"，《乾文言》曰"君子以成德为行，日可见之行也"，此当是知行关系在《易传》中的表达。在这种表达中，知即可谓行，因为此知不是抽象的了解或作为知识的了解，而是对当然呈显的实实在在的仁之知觉，故说知则行已在其中了，这个层次的行是第一层次的行，是与天道在纵贯意义上讲的无对

[1] 李承贵：《德性源流——中国传统道德转型研究》序，南昌：江西教育出版社，2004，第2页。

的呈显，这个层次的行即相当于孔子的“不忍人之心”，相当于孟子的恻隐之心。此不忍和恻隐不思量而来，并非理性思虑、价值判断，而是“不学而能”之良知良能，左右理性而不为理性所左右，此良知良能之先天第一念，为儒家所极端重视。这一点笔者将在最后一章论及。

仁是先天的，但对于这先天的一念必须有一落实，而义即是这一落实的向度。《易传》说“和顺于道德而理于义”，“立人之道曰仁与义”，“何以守位？曰仁。何以聚人？曰财。理财正辞、禁民为非曰义”。仁义对举，这是看到了先天之仁须于具体的生活现实中落实这一必然性的要求，“道德”即仁，即天道在人身上的自然呈显，人当和顺于此呈显的道德（仁）而使其落实于现实当中并使其合于义。义者，宜也。孔子曰“行而宜之之谓义”，即作为先天的道德必须要求其在具体的落实中适宜不误。《坤文言》曰“君子敬以直内，义以方外。敬义立而德不孤”，表明了敬与义的两个向度，即敬以正己的内向维度（直内）——通向天道本体——仁，义以正物（事）的外向维度（方外）——指向社会伦理规范，“行义以达其道”，道的最终落实达成要靠“行义”。而孟子说“居仁由义”，“仁，人之安宅也；义，人之正路也”（《孟子·离娄上》）更表明了义对仁落实的重要性：仁是人之为人的根据，所以仁是安宅，是安身立命之所，但是这个先天的根据却需要由义来进行落实；义，道路也，是仁的必取之道，是实实在在的取向，是质实的，需要表现为行为实践，所以孔子说“君子义以为质，礼以行之”（《论语·卫灵公》）。

那么，《易传》是怎么落实义在其道德系统中的重要位置呢？显然以上面几处的说明还不足以给出一个稳定的落实。

在关于乾坤知能并建的讨论中，我们已经看到《彖传》对《乾》卦卦辞“元亨利贞”的解释，向我们展示了一个乾坤、道物同构生成不可分离的终极视域，在由乾到坤、由道到物的这一终始过程中，宇宙万物都本体性地进入与道同一的这一终极境遇中，两者不可分割地共同组成了对易道的全新诠释，而这一新的诠释使得《易传》对道、性、仁的纵贯同一的描述获得了贞定，是对本体在普遍万物内在落实的形而上说明。但是，这种同一性的说明恰如天道下贯万物以为性一样，人的地位并未从物中区别开来，而人之仁的呈显是天道在宇宙中成德过程的最终一环，也可以说是最后的一环、最重要的一环，否则天道将“隐”而不彰，从实践和效果上来看将和《老子》无以区别。那么《易传》对于天道本体在人本身呈现落实这一终始过程是否有所说明呢？

《乾文言》曰：“元者，善之长也；亨者，嘉之会也；利者，义之和也；贞者，事之干也。君子体仁足以长人，嘉会足以合礼，利物足以和义，贞固足以干事。君子行此四德者，故曰：‘乾：元，亨，利，贞。'" 元、亨、利、贞的解释虽然有细微的差别，如《周易正义》曰："元则仁也，亨则礼也，利则义也，贞则信也。"[1]《朱子语类》曰："问'乾元亨利贞'，犹言性仁义理智。曰，此语甚稳当。"[2]在这里，贞具体是指信还是智是不重要的，重要的是元、亨、利、贞与人的四德对应这是被普遍认可的[3]。

对于《乾文言》前一部分而言，"利者，义之和也"中的"义"并不一定特指人而言，但是后半句主语连续两次出现"君子"，按语脉，后面所说四德必特指人无疑，四德在第一序意义上独指人，而不是像《周易正义》那样是泛说的。这样一确定，接下来我们就要关注道德仁义关涉元、亨、利、贞说的原因所在

[1] 王弼注，孔颖达疏：《周易正义》，李申、卢光明整理，《十三经注疏》，北京：北京大学出版社，1999，第13页。

[2] 李光地纂：《周易折中》，刘大钧整理，成都：巴蜀书社，1998，第966页。

[3]《周易正义》虽然对于宋明理学的开显有重要的作用，但它终究是接着道家王弼的注释来的，儒家的作用并不具有决定的意义，如在解释《乾》卦四德时说："凡天地运化，自然而尔，因无而生有也，无为而自为。天本无心，岂造'元亨利贞'之德也？天本无名，岂造'元亨利贞'之名也？但圣人以人事托之，谓此自然之功，为天之四德，垂教于下，使后代圣人法天之所为，故立天'四德'以设教也。"（王弼注，孔颖达疏：《周易正义》，李申、卢光明整理，《十三经注疏》，北京：北京大学出版社，1999，第12—13页）在这里，四德是泛说的，不是特指人，而是以人的属性指向天，所以四德只是方便的比喻，这里的天不过是《老子》无、一的代称而已，所以虽然《周易正义》似乎也主张仁义道德，说"使后代圣人法天之所为"，但是实际上，仁义道德终究没有树立正面的位置，所谓"四德"完全丢失了其特指人的向度，这就使得道德仁义的本体位置丧失掉了。

了。“君子行此四德者，故曰：‘乾：元，亨，利，贞。’”，这是以人之四德配《乾》卦四德元、亨、利、贞，而在《乾》卦，我们在前面说过，它是一个本体下贯与物一体的终始过程，这一终始过程是本体性的，汉学家进一步将这种终始过程落实到时间上来说，以春生夏长秋收冬杀来说这一过程，这在《周易正义》中继承了下来：“‘元’是物始，于时配春，春为发生，故下云‘体仁’，仁则春也。……‘利’为和义，于时配秋，秋既物成，各得其宜。”[1]这种看法有附会之嫌，但对元、亨、利、贞是终始过程的肯认却可以大体接受，它是一个完整的统一体，是一个有始有终的过程（未必是时间上的），在前面我们看到它对乾坤知能并建发生的作用，在这里它又将建立仁义之间的稳定关系。

我们在《老子》和《易传》的相关章节里已经说明，“道生万物”，就物彰显道这一意义而言，也可以说物是对于道的成就，物是对道之“势”的“顺”，在《易传》里则是坤对于乾的“顺”，“后得主而有常，含万物而化光。坤道其顺乎！承天而时行”（《坤文言》），“含万物”意在说明坤是对万物抽象形而上的表达，而不是具体的一个个的事物，否则无法总说万物。而在前面我们也已经说明，仁义之间也有这种紧密的关系，在这里，我

[1] 王弼注，孔颖达疏：《周易正义》，李申、卢光明整理，《十三经注疏》，北京：北京大学出版社，1999，第13页。

们就看到《文言》对这种关系的具体落实，我们先撇开四德而单说具有代表性的仁义二德，仁就是元，而元就是始，前面我们也已经引用牟宗三先生的说法：“亨是通，此通是内通，即，内在此元而有不滞不碍之圆几。……亨是内通，利即外通。外通而有向性，即能成万物而各正其性命，此即所谓‘贞’。至各正性命便是善终。”[1]这里《文言》便是以元、亨、利、贞的终始过程指向了人的仁义四德，所以仁义也是一个终始过程，是一个完整的整体，义顺成仁，义是对仁的最终在现实中的落实达成：道呈显为仁，义则顺应而成就之，所以，呈显的仁元因义之“顺”“势”而得以终成。对于道物与仁义的这种对应关系，张载亦有见：“天体物不遗，犹仁体事无不在也。”[2]“事”即义的指向所在。《文言》将“君子四德”配元、亨、利、贞恰是要以此来说明仁义一体不可分离的紧密关系：无仁这一“善之长”，则义无主宰，无义这一“方外”之“道路”的落实，则仁无以终成。由《文言》的这种终始关系的落实，仁义之间也成了相互生成你中有我、我中有你的关系。义就像物、坤在本书关于乾坤并建的落实一样获得了本体的地位，与仁一道构成了一个“和顺于道德而理于义”的稳

[1] 牟宗三：《才性与玄理》，吴兴文主编：《牟宗三文集》，长春：吉林出版集团有限责任公司，2015，第93页。

[2] 张载：《张载集》，章锡琛点校，北京：中华书局，1978，第13页。

定结构。

这样我们看到，不但天道与仁的纵贯同一通过元、亨、利、贞这一终始过程建立，而且仁的呈显与义的落实的向度的一体性也通过这一终始过程建立了，对于成就道德而言，仁义并驾齐驱；《易传》的这种说明显示了其对于人的独特地位的重视，在《彖传》对道、物本体性的一体建构后，《文言》又将仁本身专门予以说明，天道的成德过程以此可以在人身上最终落实。

二、礼以行之：礼的定准与施行的难题

义指向日用的先天性要求在《文言》中被建构，它是一种先天的向度和指针，但这个义的向度和指针，如何在具体日常实践中详细周备、没有错失呢？这就指向了“礼”，它把整个儒家的礼仪规范都融摄进去了，义因礼在现实生活中的实施而得到确定。

在先秦，礼的规范经过长时间的发展，“礼仪三百，威仪三千”，非常详细丰富。在儒家“十三经”中，涉及礼的经典就达三部之多，可见儒家对于道德的具体运用、礼的具体实践的重视。在三经中，《周礼》主要分为六官，对大小三百多种职务进

行了具体的规范要求，《仪礼》则对冠、婚、丧、祭、乡、射、朝、聘等各种仪式的礼仪做了要求。可以说，这些礼仪涉及人的生老病死各个时间段，涉及人的穿衣站坐等各个细节，涉及社会生活的方方面面，所以，《礼记》第一篇名为《曲礼》，所谓“曲”，意为“详尽委曲之意。……举礼文之委曲以诏人之无微而不谨”[1]，这大概是取《易传》“曲成万物而不遗”之意。礼的实践是落实先天道德的必然要求，儒家因此赋予它极端的重要性，《左传·昭公二十五年》中说：“夫礼，天之经也，地之义也，民之行也。”“礼，上下之纪，天地之经纬也，民之所以生也，是以先王尚之。故人之能自曲直以赴礼者，谓之成人。大，不亦宜乎？”这里是说，礼不仅是作为人们后天的行为规范，因为义的要求，它也成了天道赋予的先天原则，是世间施行的正理，是百姓行动的依据，不能改变，也不容怀疑。

对于这种礼的实行，儒家认识到其可能困于仪式，浮于表面，从而走向礼的反面，因此特别注重其与先天仁义的内在关系，所以孔子说：“人而不仁如礼何？”（《论语·八佾》）“义以为质，礼以行之。”（《论语·卫灵公》）张载说：“‘礼仪三百，威仪三千’，无一物而非仁也。”[2]儒家还注重礼与仪的区分，认为“揖让、周

[1] 王船山：《船山全书》第四册，长沙：岳麓书社，2011，第11页。
[2] 张载：《张载集》，章锡琛点校，北京：中华书局，1978，第13页。

旋之礼”，“是仪也，非礼也”(《左传·昭公二十五年》)，也就是说，外在的形式与发自内心的礼，是有本质区别的。劳思光先生以“摄礼为义”说之，并且对“礼之本”有进一步说明：“其一是内在于‘礼’讲，此时‘礼’之本义为‘礼之本’，与末节仪文对扬；其二是就整个礼（包括本义与末节）之理论基础讲，此时‘礼之本’即在‘礼’以外。”[1]在儒家，礼仪规范并非外在强加，而是在主体内部有先天的要求，所以孟子对告子等人的“义外”之说批判强烈，王阳明对亲与事亲之孝有清晰的区分。在义的先天向度的统摄下，后天的伦理规范与之融为一体，所以那些在经验与历史中形成的显得有些偶然的规范也成为了必然的[2]。

义在《文言》中被先天性地建构，但它作为一个先天的向度和指针并不表示在客观生活上有义之实，即并不意味着人的道德客观而毫无差谬地实现了，而仅仅是指仁在现实生活的实现过程中有一种先天的要求，即希望它真实地实现，而不走向恶。但是在现实生活当中，因为环境、习俗等复杂关系，这种先天道德的客观落实显得极其繁难，价值判断、真理标准问题就在这里出现

[1] 劳思光：《新编中国哲学史》(增订本)卷一，北京：生活·读书·新知三联书店，2019，第114—115页。

[2] 当然，也因这种对于后天规范的必然落实的要求有时过高，如礼仪施行于庶人，因此有所谓“以礼杀人”的可能性，也可与戴震批判的“以理杀人”牵连起来，像在历史上已发生的那样，当然这是后话。

了，故《易传》有“德行恒易以知险”“德行恒简以知阻”“乾以易知，坤以简能”之说。“能”之畅发呈显，此为简易工夫，但一旦要在具体的生活中落实，便有了价值判断、真理标准的问题。故虽易、简（天道自然呈显无对）而可言险、阻（具体环境落实价值判断之难）。这一点即使孔子也不能全无失，所以他承认阳货对自己的责难：“怀其宝而迷其邦，可谓仁乎?”“好从事而亟失时，可谓知乎?”（《论语·阳货》）而且说：“观过，斯知仁矣。”（《论语·里仁》）孔子也承认错误无可避免。孟子和阳明的这种品格就较弱。也因这种主观要求和客观落实效果之间的差异所在，《周易》作为一本卜筮之书才得以可能，这是从超越的标准——而非从人自身出发所做出的判断，今本《论语》中就有孔子卜筮的记载，出土文献对此也有所印证。在孔子，这个外在的标准也是人切身自反的一个外在的资据，孟子则没有见到这样的相关说法，也因此，《周易》容纳了两个系统，这是后话。

对于义的向度在现实生活中客观落实之难，新儒家唐君毅先生有精审的考察[1]，我们在这里仅仅引用他早期的说法，以引起大家对这一问题的注意就可以了：

[1] 可参看唐君毅:《中国哲学原论·导论篇》，北京：中国社会科学出版社，2005，第181—215页。

然吾人道德生活中最大之问题，盖在吾人如何知一至当不易的表现仁义礼智之特殊方式。具体特殊之事物，万变不穷，吾人之所以应之之或是或非之方式，亦万变不穷。吾将何自而知之？具体特殊之事物之散陈于吾前者，吾又将如何权衡其轻重，而知所先后以作断制？故人恒欲求知一普遍之道德规律或行为之法则，以御万变不穷之事物。然实则克就具体特殊事物之具体特殊性而言，吾人乃永不能有一固定之规律法则，可以先知之而一劳永逸，以之应事，即永无错误者。世之言道德规律者，一如吾人上所言之仁义礼智。仁义礼智或其他道德规律之为普遍，皆在其只规定吾人之存心，而不规定吾人在当机之如何表现吾人存心之道德行为方式。……然吾人不能先知此当机而应之至当不易之道德行为方式，并不碍吾人之能行道德。[1]

这个问题引出了道德与落实道德的条件的关系问题，对于宋明理学家而言，这就是德性之知和见闻之知（或者知识之知）的关系问题，朱子说“知，义之资具也”，就说明了知识之知对于德性之知落实的作用问题，牟宗三先生表述为“良知坎陷”。如

[1] 唐君毅:《中国文化之精神价值》，北京：九州出版社，2021，第151页。

“孝”这一德性之知需要以知识之知为条件：一需要确定“亲”这一对象；二对于如何“事亲”应当有一具体操作的知识，这样孝才可以终成。所以，知识对于成就仁、能是非常重要的，否则的话仁、能将会是一股无法落实的盲目的力量。因此，不管是《易传》、孔孟还是后来的儒者，都重视“时”和“权”的观念。将知和能结合一处说即是孟子所说的良知良能，说知是良，乃是因此知是以仁、能为对象；说此能是良，乃是因知而不昧，此良知也可以说是德性之知。但是这个几乎固定的说法却有可能导致误解，即可能把德性之知和见闻之知视为隔绝孤立的两个实体，这种倾向在陆王的体系中比较明显，这样一来就造成了德性之知和见闻之知的贯通一体如何可能的问题。其实这个问题的症结在于对知的前见，是将它视为一种没有颜色、没有倾向的知觉能力，即既能容纳内在仁、能又能容纳外在知识见闻，还是将它视为有颜色、有倾向隔绝的实体。后者虽然可能认为知是对能的认知，但是却使得二者密不透风，仿佛专门有一种知指向先天的仁、能，一种知指向后天的见闻事物，从而使得两种知彼此隔绝，辨析起来则有床上叠床之感。那么这个知的确义是前者还是后者呢？我们在前面乾坤知能并建部分中说明，“乾以易知”“易则易知”，“知”字是在动词的意义上使用，是知觉之义，知是对乾能的所知，但是这并不说明知是专门指向乾能的。张载说，“坤先迷不知所从，故失道，后能顺听，则得其常矣”[1]，有“迷”，是指迷于外事，没有乾能的先天主宰，所以有“不知所从”。有“迷”，有“不知所从”，显示了知没有颜色、没有倾向的开放性面向。因此它并不与乾能等密不透风地构成实体，并不特指乾能，也不是和外在的见闻之知相互隔绝。先天内在的乾道仁能和外在的经验知识可以和谐地统一于一处，即知是一个知，是同一个知觉能力，只是这个知既可以指向内在先天之仁，又可指向后天的经验知识，虽然这里要求一种本体上的先后奠基关系，但是在事实上作为综合的关系它们是同一的。所以这样看来，就不存在两种知的隔绝，先天的德性之知和后天的见闻之知本来就是统一的。

《易传》对于仁义的说明、对于智的重视使得儒家的道德兼具先天和后天的两个向度，只是后天的向度已经在天道本体的优先呈显中融摄在先天的向度中。在后来的宋明理学中，知识之知是一个潜在的因素，不了解这一点，就会以为宋明理学家犯了以偏概全的错误。所以《乾文言》曰：“夫‘大人’者，与天地合其德，与日月合其明，与四时合其序，与鬼神合其吉凶。先天而天弗违，后天而奉天时。天且弗违，而况于人乎？况于鬼神乎？”

---

[1] 张载：《张载集》，章锡琛点校，北京：中华书局，1978，第52页。

第四章　仁与「尽心」

——孔孟的出发点及对《易传》的印证

就《易传》本身而言，我们可以说本书的任务已大体完成：引言所提出的问题在我们的文本分析中都基本得到落实，《易传》天道在人身上的下贯呈显也使得儒家的道德先天性特点得到说明。但是，就像我们在关于《易传》的归属性部分所涉及的那样，这里仍然有一个与本书间接相关的问题需要进一步阐释，仍然有待进一步落实：虽然当代学者已基本认定《易传》属于儒家经典（刘笑敢、陈鼓应先生除外），但仍需要我们阐明，《易传》与儒家经典《论语》《孟子》论述方式的差异问题，以及它们如何在本质上同一的问题。

读《易传》与《论语》《孟子》，我们发现一个有意思的现象：在前面的分析中我们已经了解，《易传》多有对天道与仁本体同一性的客观形而上的说明，而就字面而言，天道和性出现在《易传》中的频率是很高的；仁义在其中出现的几率也很高，但其具体内容和内涵在《易传》中却很少涉及。在这两个方面，《论语》《孟子》与《易传》有着重大的差异：一方面，“夫子之言性与天道，不可得而闻也”（《论语·公冶长》），客观分析地说的天道与性，或说天道与仁同一的理论说明，在《论语》《孟子》中十分罕见；另一方面，《论语》《孟子》二书充满了对仁义内涵的讨论，在不同场合弥漫着对仁义内容的随机点示。这种差异是明显而巨大的。

对于这种差异，我们要问:（1）这是否意味着，它们在儒家内在本质精神上是冲突的？甚至像陈鼓应先生所说，《易传》本就属于道家系统，与儒家不相干？还是说二者是对儒家精神从两个方向的论证，这两种方向相互呼应、相互印证，恰好构成一个和谐的圆圈？（2）如果答案是后者，那么《论语》《孟子》这种论证说明方式对于《易传》有什么样的意义和作用？是否看到了《易传》言说方式潜在的某些问题故而克服之、补充之？（3）对于《易传》形而上的“极高明”的说法，《论语》《孟子》显得有些耽于日常生活的庸碌与琐碎，那么《论语》《孟子》是否就像黑格尔所说的那样，“我们看到孔子和他的弟子们的谈话〔按即‘论语’——译者〕，里面所讲的是一种常识道德，这种常识道德我们在哪里都能找得到，在哪一个民族里都找得到，可能还要好些，这是毫无出色之点的东西。孔子只是一个实际的世间智者，在他那里思辨的哲学是一点也没有的——只有一些善良的、老练的、道德的教训，从里面我们不能获得什么特殊的东西”[1]，还是像《中庸》说的孔孟之道是“极高明而道中庸”的？如果是后者，那么这种所谓的“平庸”浅显的言说方式是否有着具体的针对性和独特的用意呢？

---

［1］黑格尔:《哲学史讲演录》第一卷，贺麟、王太庆译，北京：商务印书馆，2011，第130页。

一、仁与“几希”：对一念仁心的珍视与守护

《易传》可谓对天道与仁义纵贯同一的形而上的说明。通过分析我们已经看到，《易传》为了说明天道与仁义的纵贯同一，建立了一个论证严密的理论体系，这种体系就是我们今天意义上的“学”。它是一种知解、知识，一种客观、隔离的理解，一种刻意之“思”，是古人所谓的“影子”——实在的天道仁义实体的影子。然而，这种影子常常障蔽人对仁义道德实体的体认与肯认，常让我们舍本逐末，就像佛家所力辟的那样，它让我们过分关注那指向月亮的手指，而非真正的对象——月亮本身；它像柏拉图的“洞穴之喻”那样，我们常常把洞穴中的影子当成我们的整个世界，忘了木偶本身，忘了洞穴外真实的世界，不知道火把，不知道太阳。这影子在现实生活中影响、左右着我们，让我们遗忘了生活，遗忘了道德在日常生活中的实践要求。在中国哲学史上，哲学家们（尤其儒家）不断身体力行，力去这种影子的虚妄，儒家和佛家（尤其禅宗）的“述而不作”“不立文字”就是为了从根本上消除这种影子。

通过《易传》形而上的理论建构，我们似乎知解了仁与天道的纵贯合一，知道了仁的内涵（就像《易传》向我们描述的那样），我们知道了孝的概念，但在现实生活当中，我们是否愿意

"为长者折枝"？像《孟子》所指明的那样，事父母是"鸟养"还是"人养"？这些关涉的则不是影子而是在现实生活中呈现的真实实体。《论语》《孟子》恰恰是从这种实体入手，对孔孟而言，《易传》的那种建构，不管其推演论证经历了多少曲折、繁难，不管作者与读者殚精竭虑为其做了多少探赜索隐、钩深致远的工夫，也不管在知解上做到了怎样的义理清晰，对于这一道德实体的呈现与施行而言，都可能无所助益，是一个"无"，而在现实生活中当下呈显的那一念仁心才是真真实实的"有"。孔孟的所有努力都围绕这一环进行，都是为了牢固树立这一实体真实的、绝对的、稳固的、优先的地位，对于仁体的施行而言，《易传》的"学"与"思"则显得相对"次要"。

孔孟注重对遮类似《易传》中这种"学""思"的影子，其意义在两种文本的对比上并不明显，但是只要我们稍微回顾一下人类历史，就会发现其意义所在。历史上，很多惨绝人寰、毫无人性可言的战争和屠戮——如二战中的集中营屠杀和南京大屠杀，其中很多的杀戮决策以及士兵的执行，有时只是一念之间，对比这些人，即使是假道学、伪君子都比他们更值得尊重，因为在后者那里，良心不管以怎样的方式存在，但毕竟存在着，而对于前者我们则很难说不是同草木禽兽一般，"昧了良心"。同样我们看到秉持着爱的信条的西方宗教，血腥的战争如十字军东征在历史上也一次次发生，这是因为爱和宽容的原则要服从于他们的信条和教规，也是“昧了良心”。良心、道德心的蒙昧，以及其第一位的优先位置的丧失，其导致的结果是严重的，甚至是毁灭性的。

孔孟的对治，正是从内容的仁义道德出发，从现实当下的良心、道德心的真实不昧出发，从其绝对性的优先性出发，其他一切原则和权巧都要让位于这一真实不虚的“一念”。孔孟的所有努力都在维护保存此一念，扩充此一念——此一念，即我们前文所指出的老子写作《老子》一书的良善一念，可惜这自老子封闭的系统中冲决而出的珍贵一念，老子未能正视之、把握之、肯认之，在其理论系统中正面地树立之。而儒家则不然，请看《论语》《孟子》是如何在其系统中积极地树立这一念的。

仁是《论语》的核心概念，整部语录都以仁为出发点和归结点。在孔子看来，仁是人之为人的本质规定，但是在整部书中，没有一处是对于仁的严格定义，孔子也不轻许人以仁，仁的使用都是在特定的现实场合和机缘触发的，它是有所对治地说出，而不是孤零零地隔绝地说，这就显示了孔子仁概念的重要特点：必须有现实的针对性，必与生活现实紧密相关。孔子不轻许人以仁，但是在具体生活中，却常常指某一事或某一德目为仁，仁义礼智信皆仁，且当下朗现，完满无对。虽然仁是作为全德来说的，而所谓仁义礼智信等德目皆是全德仁的具体展现方式，但它们本身是完满、无对的，作为德目的仁义礼智信和全德的仁没有本质差异。

孔子的“仁说”使周时的“德”发生了重要转向，“天”的外在主宰义因仁义道德而转向了人自身：“仁远乎哉？我欲仁，斯仁至矣。”（《论语·述而》）“为仁由己，而由人乎哉？”（《论语·颜渊》）“君子求诸己，小人求诸人。”（《论语·卫灵公》）仁的根源在人自身，所以仁的工夫和出发点都转向了自己，而道德仁心的呈显当然绝对重要，为了仁的呈显，一切指向这一念仁心的工夫都可以做，所以“能近取譬，可谓仁之方也已”（《论语·雍也》）。新儒家尤其重视孔子的“不安”观念，前文曾提到礼的重要性，但在这里，不安之心有了优先性，为了成全这一念，礼乐变得次要。“宰我问：‘三年之丧，期已久矣。君子三年不为礼，礼必坏；三年不为乐，乐必崩。旧谷既没，新谷既升，钻燧改火，期可已矣。’子曰：‘食夫稻，衣夫锦，于女安乎？’曰：‘安。’‘女安则为之！夫君子之居丧，食旨不甘，闻乐不乐，居处不安，故不为也。今女安，则为之！’宰我出。子曰：‘予之不仁也！子生三年，然后免于父母之怀。夫三年之丧，天下之通丧也。予也有三年之爱于其父母乎？’”（《论语·阳货》）按知解的理性说，三年之丧导致“君子三年不为礼，礼必坏；三年不为乐，乐必崩。旧谷既没，新谷既升，钻燧改火，期可已矣”，所以显得不合理，但是对于处在“不安”中的服孝的人，三年的守丧乃是天理自然，所以，孔子对三年之丧的肯认，恰是要提倡这一“不安”的仁心先天而真实的呈显，而这一念呈显的重要性则要超过直接利益、效果等理智功利主义的外在计较。同样，孟子的“君子远庖厨”观点也是对于人“不忍”之心的正面肯定，否则的话，按这个观点，孔子就是一个极为虚伪的人（孔子“食不厌精，脍不厌细”），而且以这个观点，人就不能吃肉，这显然是不合理的。

仁心的真实呈现极重要，这一先天呈显的仁心决定着人的道德扩充的可能性。因此，对于人的教育而言，在时间上最先的一念的呈现，就显得更为重要，《论语》认为这就是孝悌之心。“君子务本，本立则道生。孝弟也者，其为仁之本与!”（《论语·学而》）孝悌之心是人的仁心的呈显，但是为什么《论语》把它放到这样重要的位置呢？且这个观念在儒家有着相当普遍的共识，这是为什么呢？前面笔者说过，孝悌之心作为道德心，在本质上与其他的道德心之间不存在优劣之分，在价值上，它们都是仁的展现，它们自身都完满无对，自然无所谓价值差异的问题，从这个角度来说，儒家的“爱有差等”说应该是不合法的；但是在这里，《论语》明言孝悌之心是根本，并且在“忠君”“爱人”上明显有着优先地位，这是为什么呢？笔者认为这也传达出儒家对于在人的一生中那个最先呈现出来的仁心的重视。如果说《论语》关于道德仁义的理论是对仁心在人身上呈显的客观描述，那么对于孝悌的绝对重视则是出于一种工夫论意义上的主观愿望，更是一个信念，是儒家“刻意”坚持建构、树立的重要观点。孝悌之心生而具有，是一个人的生命历程中最先呈显的道德心，如孟子说“孩提之童，无不知爱其亲者”（《孟子·尽心上》），而忠君爱民的道德心则需要在有了“君”“民”等观念之后才可能具有。所以孝悌和“亲亲”作为一个本根，是道德心的一个生长点，《论语》说它是“仁之本”，无根则无树。对于孩童而言，这一最先呈显的孝悌之心的肯认对道德心的生长发育起着决定作用，无此肯认和培育，仁心的呈现则可能因此夭折，而顺此最先呈现的孝悌之心这一“本”而肯认之、把握之、扩充之，则接下来有其他道德的依次生发，长成参天大树。孝悌之心决定着这棵道德的参天大树扩充长成的可能性。《论语》对于孝悌之心的重视只在这个信念，其“爱有差等”的观念也当是出于这种信念，而不是说不同的爱在价值上是有差等的。以此，我们就看到了儒家对于这一先天的道德心呈显的重视程度，对它的维护，几乎涉及每一个具体道德观念在儒家理论体系中的落实[1]。

对于仁心呈显的这不忍之一念，孟子继承了孔子，“臣闻之胡龁曰，王坐于堂上，有牵牛而过堂下者，王见之，曰：‘牛何之？’对曰：‘将以衅钟。’王曰：‘舍之！吾不忍其觳觫，若无罪而就死地。’对曰：‘然则废衅钟与？’曰：‘何可废也？以羊易之！’不识有诸？”（《孟子·梁惠王上》）齐宣王以羊换牛，不是因为吝啬，而是因为不忍之心。按说，羊也是生命，那么以羊代替牛作为牺牲，不是半斤对八两吗？非也，孟子强调的是当下仁心的呈显，因为齐宣王看到了牛害怕得发抖的样子，当下触动了不忍之心，但“见牛未见羊也”，于是，孟子说：“君子之于禽兽也，见其生，不忍见其死；闻其声，不忍食其肉。是以君子远庖厨也。”（《孟子·梁惠王上》）“远庖厨”不是说因噎废食不吃饭，而是强调这一当下不忍。在此基础上，孟子还有更为细致的说法：“人皆有不忍人之心。……所以谓人皆有不忍人之心者，今人乍见孺子

[1] 孔子的仁观念是非常丰富的，在孔子看来，除了当下肯认仁心的现成、圆满、无对，仁的圆满在时间上也有要求，大概孔子对于道德实现的困难（前文已论及）有充分的认识，所以除了当下证成，他还提出了时间维度上的要求。他从未把话说满，未说仁是实现了的，而更多的是说“鲜矣仁”“近仁”，就是希望通过持续的工夫以实现仁，这是一个艰难困苦的过程，所谓“君子无终食之间违仁，造次必于是，颠沛必于是”（《论语·里仁》），“一箪食，一瓢饮，在陋巷。人不堪其忧，回也不改其乐”《论语·雍也》。

将入于井，皆有怵惕恻隐之心。非所以内交于孺子之父母也，非所以要誉于乡党朋友也，非恶其声而然也。由是观之，无恻隐之心，非人也；无羞恶之心，非人也；无辞让之心，非人也；无是非之心，非人也。恻隐之心，仁之端也；羞恶之心，义之端也；辞让之心，礼之端也；是非之心，智之端也。人之有四端也，犹其有四体也。……凡有四端于我者，知皆扩而充之矣，若火之始燃，泉之始达。苟能充之，足以保四海；苟不充之，不足以事父母。”（《孟子·公孙丑上》）“人皆有所不忍，达之于其所忍，仁也。”（《孟子·尽心下》）孟子强调，这一念仁心，人人具有，先天具有，看到孩子快要入井，不忍要拉他一把，原因就在于这自足、自发的仁心本身，而非出于外在的原因，“非所以内交于孺子之父母也，非所以要誉于乡党朋友也，非恶其声而然也”。“乍见”二字尤其传神，突出了这先天一念的不思不虑、现成具有的特点。孟子由“不忍人之心”进一步说“恻隐之心”，又由“恻隐之心”提出了著名的“四端”之心，这就使“不安”“不忍”变得更为充实具体。

更重要的是这种“端”的说法。端者，始也，本也。这说明孟子受到《论语》中孝悌“为仁之本”思想的深刻影响，四端是道德之树的端倪，暗含了扩充的必要和可能，所以接下来就有“凡有四端于我者，知皆扩而充之矣，若火之始燃，泉之始达。苟能充之，足以保四海；苟不充之，不足以事父母”。同样，对四端之心的扩充不是说明四端之心本身有不足，不是现成完满的，扩充是就外延的扩充，而不是内涵的扩充，当然外延的扩充也可以包含两方面：一是由四端扩充到德的其他方面，如恭宽信敏惠等[1]；二是四端之心的呈显，由一事扩充到事事。“端”字暗含扩充的可能，同时也说明了孟子对它的重视，因为“苟能充之，足以保四海；苟不充之，不足以事父母”。这一念的存在与否决定着家国天下的秩序和条理，是儒家内圣外王理想品格的条件，这说明了它的重要性。孟子还用“几希”表达这个“端”的意思：“人所以异于禽兽者几希，庶民去之，君子存之。”（《孟子·离娄下》）“舜之居深山中，与木石居，与鹿豕游，其所以异于深山之野人者几希。其闻一善言，凡一善行，若绝江河，沛然莫之能御也。”（《孟子·尽心上》）“几希”二字既表明其扩充的可能（几），更表明了其呈显之珍贵（希），道德心的呈显就是这珍贵的“希”。

孟子对这珍贵的四端和几希的重视，最直接的体现就是其对孝悌和“亲亲”的重视：“孩提之童，无不知爱其亲者；及其长也，无不知敬其兄也。”（《孟子·尽心上》）“亲亲而仁民，仁民而爱物。”（《孟子·尽心上》）亲亲在一个人的生存中就是最

[1] 德目之间的关系错综复杂，在此不具论。

早的端、几希，在这个端、几希的前提下伸展扩充，才可能“仁民”和“爱物”，最后“万物皆备于我矣。反身而诚，乐莫大焉”（《孟子·尽心上》）。孟子确立亲亲对仁民、爱物的优先性不是说后者在本质上轻于前者，而是要确立后者坚实的基础，就需要从亲亲开始，亲亲的真实性和绝对性为后者提供了可靠的保障。当然，儒家的这种信念不是说它的最终落脚点是政治的关切，而应该说，儒家的这个特点恰恰说明，它既是对个体的生存关切，又关涉家国天下的一体建构，这就是一般所说的“内圣外王”的一体性，只是儒家对那个先天的一念更重视。

由上可见儒家对于这先天呈显的道德心的极端重视。有时，儒家为了呵护这珍贵的一念，甚至与其他价值原则相冲突。这在儒家内部就有争论，如熊十力先生就对儒家的孝悌观念颇有微词，认为它与儒家的“公”的观念相抵触，由是转而从大易出发[1]。如儒家主张《诗经》式的“乐而不淫，哀而不伤”（《论语·八佾》），子游说“丧致乎哀而止”（《论语·子张》），即主张对哀痛之心有所节制，但在事实上，出于对道德心真实呈显的重视，往往突破这个原则，“颜渊死，子哭之恸。从者曰：‘子恸矣。’曰：‘有恸乎？非夫人之为恸而谁为！’”（《论语·先进》）对自己的

[1] 这显示了，从《易传》的角度出发也可以在一定程度上克服儒家的一些表面上的弱点，这里不具体论证了。

“哀而伤”的辩解，孔子几乎是承认这种过度行为的合理性；但这种对中庸之道的突破是以其对道德仁心的真实呈显的肯认为前提的。对于这一点，阳明有进一步发挥，他说：“须是大哭一番方乐，不哭便不乐矣。虽哭，此心安处即是乐也……”（《传习录》），真可谓切中儒门精髓，让人胆战心惊。又如孔孟对于孝悌之心的态度：对于叶公说的“其父攘羊，而子证之”的所谓“直躬者”，孔子说：“吾党之直者异于是。父为子隐，子为父隐，直在其中矣。”（《论语・子路》）孟子也表示对这种立场的认可，他对舜父瞽瞍杀人这一事件说：“舜视弃天下犹弃敝屣也。窃负而逃，遵海滨而处，终身䜣然，乐而忘天下。”（《孟子・尽心上》）这两个例子都是对孝悌之心的认可，并且也都在间接的意义上伤害了社会的正义。对于这一点，如果不了解儒家的精神特质，不知道儒家的出发点，那是无法理解这两个例子的，孔孟对孝悌的看法自然不能从社会公平正义这一表面的现象出发，而应当看到孔孟对道德仁心先天呈显的维护这一良苦用心。孔子为颜渊之死“恸矣”说明孔子对道德仁心呈显的真实性的重视，而后面两个例子则说明孔孟对道德仁心呈显的绝对性、优先性的重视，只有从这个角度出发，我们才能真正理解孔孟，理解儒家的生命。

通过孔孟对这一“内容的”道德心呈显的重视可以看到，儒家的道德的呈现是情感的流露，这与康德主张的道德相去甚远。

在今天学界对康德和儒家道德研究侧重相似性的情况下，我们则看到了二者的差异性：（1）对于情感的态度，康德认为情感必须由道德律令来做主宰，认为情感是关涉后天经验的，因此是“不纯粹”的，所以对情感采取不信任的态度，并主张隔绝地由绝对律令出发，问题是，那个所谓的抽象的律令真的能优先于、隔绝于情感而涌现吗？并且，康德的道德律令不但在来源上有问题，而且在道德的落实操作上也存在问题；孔孟一系的儒家则恰恰是从情感出发，虽然这个情感前要加上“道德”二字，但是情感恰恰是孔孟的立论基础，建构由情感而来，我们通过论述已经说明，儒家区别于《老子》的重点也就在对这种情感的信任上，而它就是从道德在现实上的可操作性出发的。（2）对于本体的态度，在认识论中，康德悬搁了人对于本体的认识的可能性，但是为了道德伦理的最终落实，为了让“至善”成为指导人们行为的道德理想，他又将悬搁的本体树立了起来，提出了三个“道德公设”：自由意志、灵魂不朽、上帝存在；这在儒家则不同，儒家认为，本体即是人的道德，人的仁义道德是天道本体的展现方式，人对自己的道德不但可以认识，还可以主宰，并且道德心的呈显是真真实实的，不是预设[1]。

---

[1] 对于自由本体和物自体的贯通可参看牟宗三先生的《智的直觉与中国哲学》（北京：中国社会科学出版社，2008），兹不赘言。

在这里我们也看到，序言中的引文，即使乍看之下有着怎样的相似性，但最终它们还是属于不同的义理系统，内在差异巨大。

二、“下学上达”：对《易传》纵贯路线的印证

孔孟对仁心于现实当下呈显的重视，让我们看到《论语》《孟子》与《易传》关注点不同的原因所在：这种重视仁心真实呈显的“内容的体认”，可以视作对《易传》中“形式的诠释”之“学”所可能导致的危险的克服和补充。既然有这种差别，那么，接下来的问题是，《论语》《孟子》与《易传》这两个言说体系是否冲突矛盾呢？在疏解了二者的相关文本后，我们知道这个问题所问的是：《论语》《孟子》的仁义道德是内在的，它是否还有着超越性的指向，与天道同一？如果答案是肯定的，那么《易传》和《论语》《孟子》的精神则是一致的，它们是对仁与天道同一性的两种说明方向：一为自上而下，一为自下而上。二者相互呼应，相互印证，圆满证成。

虽然在孔子那里，为了避免上文所提及的诸多弊病，他注重人事，多于现实生活中教人以光明正大之道，“不语怪、力、乱、神”（《论语·述而》），认为“未能事人，焉能事鬼”（《论语·先

进》)，甚至很少谈论性与天道，“夫子之言性与天道，不可得而闻也”(《论语·公冶长》)。但是，性与天道却是孔子义理性格中核心的一环，在前面的论证中我们已经引用了孔孟关于仁义的相关论述，如孔子说“仁者安仁”(《论语·里仁》)，“志于道，据于德，依于仁，游于艺”(《论语·述而》)；孟子说“夫仁，天之尊爵也，人之安宅也”(《孟子·公孙丑上》)，“居仁由义，大人之事备矣”(《孟子·尽心上》)，“由仁义行，非行仁义也”(《孟子·离娄下》)，这些说法其实已经显示了仁义的超越性品格，是将仁与天道合在一起说。仁与天道同一，所以才能说仁是人的居所、安宅、依据，人在里面饮食起居，防日晒防雨淋防风吹，阻挡蛇虫猛兽的侵袭，这些都在比喻意义上显示了它超越于人的力量。

重要的是，《论语》《孟子》中仁义的超越性是在其内在性中实现的，人的实践工夫即是超越的本体，二者之间没有间隙。所以孔子多说仁义，而很少说天道实体，孔子曰：“君子上达”(《论语·宪问》)，“不怨天，不尤人。下学而上达。知我者其天乎！”(《论语·宪问》)孔子的“下学”和“上达”是一种什么关系呢？“学”是学的什么呢？“上达”又是达到何处呢？按“下学而上达。知我者其天乎”这句话的语脉，上达是达到“天”，但是天的含义则需要进一步落实，因为在孔子那里，天是超越的无疑，但是天与人的关系则有时隔绝，有时内在，比较复杂，所以我们可以通过孔子的其他论述来进行落实。子曰：“君子谋道不谋食。耕也，馁在其中矣；学也，禄在其中矣。君子忧道不忧贫。”（《论语·卫灵公》）显然，在这里“学”与“耕”对立，指向的是道，所以，这里所说的学当然不是指礼乐射御书数六艺等，而应当是指对仁义之大道的熟稔而言。按“下学而上达。知我者其天乎”理解，上达的应该是“天”。若以学为耕礼乐射御书数之类，那么显然存在上达可能性的断裂，因为二者处在不同层面，理学家中陆王对程朱的批评就有这个因素，这其中程朱所谓的“豁然开朗”也未必奏效。所以，所谓学，指道德仁义无疑。既然学指仁义道德，那么所谓上达，就不是说有一个层面隔绝而超越于仁义道德，因为道德本身即是完满无对的。在前面的说明中，天与仁义的不同并非层次上的不同，所以在这里“下学而上达”不是一种因果递进的关系，而是一种并列的诠释关系，意思是“下学即是上达”。当然，这种诠释给出了更多的信息，这就是仁义道德本身即具上达的维度，即超越的维度，即指向天、道的维度。所以，孔子的“下学而上达”说出了本体与工夫的同一，说出了内在与超越的同一，即工夫即本体，即内在即超越。但是下学和上达也有名相上的不同，下学是对仁义道德的熟稔，是道德实践工夫，但是上达却不是工夫，而是由下学的过程自然带出的境界，且非在仁义道德之外另有“境界”，二者其实是同一的。以此，冯友兰先生提出的“人生四境界说”，尤其是“道德境界”和“天地境界”的分立则须有进一步的审查，至少有进一步说明的必要。

关于下学和上达的关系，我们可以通过孔子对仁的表达方式来了解，他一般不说“仁是……”，但是却常说“……是仁”。具体的德目仁虽然与全德的仁无本质区别，但是德目仍然无以当全德之仁，所以在这里，下学工夫的意义就极大。天、道、仁一体，也是全体，圆满无偏，人只有在下学工夫的无限进展中才能趋向于全德，才能上达于“天”。“学不可以已”，学是不可以完成的，没有边际，以此才可以说“下学而上达”，一旦停止，人上达“天”的道路就阻断了。

孟子对于孔子的这种“下学上达”的精神应当有深刻的理解，并进一步充实发展为“尽心—知性—知天”，摆脱了在孔子那里“天”对人的超越隔绝的倾向。“尽其心者，知其性也。知其性，则知天矣”（《孟子·尽心上》），心、性、天和《易传》的道、性、仁一样是纵贯一体的，但是对比《易传》从上而下的下贯路线，我们发现，其中的言说顺序发生了重要变化。不同于《易传》，孟子是由一念仁心的真实呈现处说，追求的是道德心的真实性，这是一种从心开始自下而上逆觉体证天道的上达路线，孟子这是对孔子的“下学上达”观念之发展，并且将孔子所重视的学的工夫倾向强调得更为突出，这在与《易传》第五章道、性、仁的比较中也更为清楚，从而区别于《易传》的下贯路线，彰显了自己以工夫立论的特色。

在“尽心—知性—知天”的命题中，心即是良知良能之本心，但是此心还只是“四端”只是“几希”而已，所以要做“尽心”的扩充工夫。前面我们已经说明四端之心现成完满、具足无对，且在讨论孔子的仁时说明了仁可以表达为“……是仁”，不可以表达为“仁是……”，仁充当着全德的角色，所以“尽心”这一外延工夫的方向即是指向这一作为全德的仁的（四端中的仁当作德目看），而《易传》中的“显诸仁”中的仁即是全德的仁，所以“尽心”的工夫就和这一作为全德的仁在外延上吻合了。在《易传》中仁是全德，道、性、仁是纵贯同一的关系，也可以说是一种等价关系，而在孟子，四端之心却是“几希”，它虽然在本质上与全德的仁无区别，但是从外延上却存在差别，不足以当全德之仁，四端之心要成为全德的仁必须在“尽心”这一无限扩充的过程中实现，所以有“尽其心者，知其性也”。“尽心”与性就如同仁与性的关系一样，是纵贯同一的，但是在这里，“知”字和“尽”字的作用和意义不同，“尽”字是道德工夫，且正因为这样才使得“尽心”与全德的仁的内容相同，实现了“尽心”与性的纵贯同一，与天的关系也是如此。而“知”字与道德工夫毫无关系，在这里，“知”字应当和孔子“下学而上达”中的“而”字的作用一样，仅表示一种诠释说明的关系。所以“尽心”与“知性”“知天”的关系就不是一种因果关系，也不存在三个过程。孟子之意乃在于对“尽心”这一扩充工夫进行诠释和描述，说明“尽心”本身不仅仅是工夫，不仅仅是内在的向度，也是和性、天同一的本体，也具有超越的品格，这样，如果把“下学而上达”表述为：下学=上达（天），那么“尽心—知性—知天”则可以表述为：尽心=性=天，三者之间毫无间隙，等同于《易传》：道=性=仁。于是，我们看到，二者的区别在于运思方向不同，一为自上而下，一为自下而上，而孟子的这一运思方向，完整地容纳了儒家而言的实践工夫“尽”的必然性，这一点在孔子那里是一样的，但是孔子“下学上达”的表达方式不如孟子这种表达清晰。

“尽”工夫的落实，在天人贯通一体的思路里对天、人各自的功能做出了区分：天无思无虑，神无方易无体，“（天道）鼓万物而不与圣人同忧”；人则永远需要处在“尽”的工夫与“忧患”之中，这也是儒家对仁义与天道统一性之信仰的基础所在。《易传》和孟子体系的对比反观所给出的这一信息非常值得重视，这有助于理解儒学史尤其是宋明理学的相关讨论，还有助于区分儒家的“异端”，如对于阳明后学中认为“良知现成”不需要做实践工夫一系，我们就可以将其视为“异端”，因为对于儒家而言，“尽心”工夫是儒家的题中之义，而只有这样，与天同一（尽心=天）才是可能的（否则则有天理、人欲之夹杂），对工夫的正面看待与否决定着其学脉和精神归属。

而由此，《论语》《孟子》自下而上由“尽心”逆觉体证天道的工夫入路，与《易传》自上而下由天道纵贯地对人道的形而上诠释，二者相互呼应、相互印证，如此则圆满矣！

附论：儒家道德观念的外向拓展

对中华文化的认同已成为世人的共识，越来越多的有识之士发现，人类的未来需要从古老的东方文明汲取营养。如英国历史学家汤因比就说："就中国人来说，几千年来，比世界任何民族都成功地把几亿民众，从政治文化上团结起来。他们显示出这种在政治、文化上统一的本领，具有无与伦比的成功经验。"[1]

然而，这种判断多从中华文化的外在效果——面对世界难题所做出的贡献来说，而本书前面所做的诸多讨论——中国哲学的内在义理、儒家仁义与天道的同一性、内在的工夫修养等等，中国文化内在义理的丰富和曲折，以西方的话语诠释系统，未必能有全面而同情的理解。即使如伏尔泰、爱默生那般肯定中国文化

[1] 汤因比、池田大作：《展望21世纪——汤因比与池田大作对话录》，荀春生、朱继征、陈国梁译，北京：国际文化出版公司，1999，第283—284页。

的核心儒家思想，甚至触及儒家的根本——道德观念，像《全球伦理宣言》那样，将儒家的“己所不欲，勿施于人”作为“道德金律”，作为全球伦理的基本原则，我们仍然难以要求他们对中国文化的道德观念和系统性格有深入的了解。不过，这些看法倒是提示我们，他们触及了儒家道德的一个重要的维度，也是本书前面并未较多涉及的一个维度：面向外在世界，基于内圣而开显的外王层面和事功层面。

在本书中我们已经看到，儒家基于天人关系，建立了天道与仁义纵贯一体的视野，这个视野是本体宇宙论的，内在而超越的，它解决道德的终极根据问题。然而同时，道德必须在日常生活中实践，须向外面向社会，需要处理人与人之间的关系。基于对天人纵贯一体以及人性善的力量的执着和肯定，在《大学》中，它被颇具条理地表现为“八条目”：格物、致知、诚意、正心、修身、齐家、治国、平天下，它们涉及人与自然、人与家国社会、人与自我之间的各种关系，理性而温情，广大而精微，内在而超越，畅然绽放，通达宇宙与人生的方方面面。在这里，笔者尝试基于前文所做的讨论，对儒家道德观念的外向拓展简单补充之，以全其基本样貌。

正如前文所言，《老子》和《易传》共享了同样的宇宙本体论，这就是“道生万物”，在他们看来，天地创生万物，万物生生不息，这是亘古不易的法则和秩序，是天地之大德。因此而要求“人法天”（前已分析，道家和儒家的“法天”思想并不同），由此人间秩序也才能够永恒长久。对此，比《老子》进一步，《序卦传》有清晰表述：“有天地然后有万物，有万物然后有男女，有男女然后有夫妇，有夫妇然后有父子，有父子然后有君臣，有君臣然后有上下，有上下然后礼义有所错。夫妇之道不可以不久也，故受之以《恒》；恒者久也。”《序卦传》形而上地解析：人类社会先有男女然后有夫妇，有夫妇然后有父子，有父子然后有君臣，有君臣然后有上下之序，有上下之序然后有礼义的社会伦理和道德规范。这是《周易》展现的家国天下一体并建的基本逻辑。而在《论语》《孟子》中，我们看到了孔孟对于一念道德心呈现——尤其是孝悌观念——的极端重视，而孝悌观念是从家庭开始的。

在中国“氏族—家族—家庭”的系列演变中，由夫妇子女组成的家庭居于社会的基础地位。人一旦降生，便处于特定家庭关系中，是人之子女、人之兄弟姐妹。也因之，人处在先天的血缘牵系之中，家人血脉相连、骨肉相亲，这种关系与生俱来，并且永生无法摆脱，这便是血缘情感。儒家厉害处在于，它并没有违背这种自然，而是顺着这种人情，做了精微的理论建构和拓展。在儒家看来，人是在父母的养育中，最初体验到人与人之间那种温暖而真挚的道德情感，孝悌是人道德情感之源，是道德的发生，于是儒家抓住这个初心进行启发教育，从对孝悌的内在体认开始建构家庭伦理，说“君子务本，本立而道生。孝弟也者，其为仁之本与”《论语·学而》。孝悌观念不学而知，生而有之，并非观念空谈，并非理论预设，而是实在的、可感知的、客观呈现的感情，最好体会，最好用力。这一点的充分合理性为世界所认同，《全球伦理宣言》就明言，只有在个人关系和家庭关系中已经体验到的东西，才能够在国家之间及宗教之间的关系中得到实行。基于此，儒家对于父子（父母和子女）、兄弟（兄弟姐妹）、夫妻等之间的关系，都进行了合乎情理的推演扩充，每个人都在这个家庭关系中承担着各自的道德责任，建构起了父慈、子孝、兄友、弟恭的稳定而富于温情的家庭伦理。这种互敬互爱的家庭伦理为社会提供了稳定的基础。

在家庭稳定而坚实的血缘情感之上，人伦秩序从家庭向社会扩张。“老吾老，以及人之老；幼吾幼，以及人之幼”（《孟子·梁惠王上》），按此进行扩充，由“亲亲”开始，最后“仁民”“爱物”，达到孔子说的“泛爱众”，将家庭伦理有效施于社会——这就达到了普遍的仁和博爱。社会伦理虽然起源于家庭，但并没有停留在血缘情感的特殊性上，而是在此基础上，讲求“本立而道生”，这个道就是普遍的仁爱道德。儒家的扩充原则是“人同此心，心同此理”的同理心，也是孔子的“忠恕之道”，这里的“忠恕”就是《全球伦理宣言》所说的“伦理金律”：“己欲立而立人，己欲达而达人”（《论语·雍也》），“己所不欲，勿施于人”（《论语·颜渊》），这是孔子主张的普遍实行仁道的一以贯之的方法。《大学》称此方法为“絜矩之道”：“所恶于上，毋以使下；所恶于下，毋以事上；所恶于前，毋以先后；所恶于后，毋以从前；所恶于右，毋以交于左；所恶于左，毋以交于右：此之谓絜矩之道。”它认为，当一切人际关系都抽象为“人”与“己”的关系——这种“上”“下”“前”“后”“左”“右”的关系，都按照“忠恕”的原则来实行，儒家的仁道就具有了道德的基本而普遍的意义。

以这种“忠恕之道”来说“天下”，则适用于国家与民族之间的关系。儒家主张“四海之内，皆兄弟也”（《论语·颜渊》）、“近者悦，远者来”（《论语·子路》），祈求“和而不同”“协和万邦”，这为多元文化和谐共处提供了思想源泉。作为消极方面的“恕道”——“己所不欲，勿施于人”，这不仅是人之为人的底线和最低要求，还是协理民族与国家关系应该遵循的原则。而作为积极方面的忠道——“己欲立而立人，己欲达而达人”，则反映了对“天下为公”与“天下大同”的终极关系与和谐世界的美好向往。“忠”字奖进人类合作，“恕”字消弭人类冲突。以此，实现“万物并育而不相害，道并行而不相悖”之理想，也就是文化多元，和而不同，美美与共，和谐包容。

按照这种原则，我们看到，通过齐家实现治国、平天下，从而建立起了一个一以贯之的家国天下和谐一体的体系，这种结构就是家国天下的同构，也就是《大学》所谓修身、齐家、治国、平天下生命逻辑的展开。它基于血缘亲情，同时也超越血缘亲情，它的落脚点既是家庭的温情与和睦，也是社会共治秩序的长治久安。也就是说，扩充开来的儒家伦理，不仅讲求血缘亲情、互敬互爱的“小家”，还有国家、天下这种“大家”，而其中的逻辑，就是将具体而温情的“小家”的逻辑扩充到“大家”之中，从而成为中国人处理群己关系的基本理念和准则。

儒家的这种道德观念彻上彻下，笼罩和贯穿一切，除了家国天下的建立，它还与自然息息相关。正如正文中所细致阐释的，在《老子》那里，“道生万物”，道在人、物身上不离不杂超越地运作，人和物处于同样的“末”的地位，道没有偏袒和自私。此中人、物之别，其一在于，因为人、物都没有内在地禀受道，没有获得积极的行为的“授权”，因此需要摒除“人为”和“造作”，自然无为，所以人反而应该向自然学习；其二在于，人对于道能够有智的观照，然而，这种观照的目的仍在去除“造作”，复归于自然，因此，道家崇尚自然，以至于后来道教走向了山林。而在《易传》那里，天道创生万物，并且天道内在万物以为性，因此，人与万物都平等地禀受了同样的价值，每一生命个体都是世界不可或缺的组成部分，都有其独立的价值和意义，都是鲜活的生命律动。并且，天人之间息息相通，休戚与共，儒家（尤其是张载）进一步解说人与自然的关系，认为天地万物一体，山川草木、日月星辰、宇宙万物都是我的同类和朋友[1]。因此，不管是在道家的意义上，还是儒家的意义上，都极尊重自然生命。

总之，由天道创生万物开始，人禀此天道呈显之一念仁心，“择善而固执之”，拓展之，因之齐家、治国、平天下，最后回归到仁民爱物、博爱万物、天人合一，则是一个大圆满。而此般种种，均是中国古代道德观念的朗照，是道德观念全面而彻底的展开。所以，自古以来，中国人极为崇尚道德，认为“天地间，至尊者道，至贵者德而已矣”[2]，道德是人生的依凭，人之所以不同于物，为万物之“灵”，就在于对道德的最初发现和树立，因此，《易传》主张个体自强不息、厚德载物以修身立德，实现自我的完善和精神的健全，“富润屋，德润身”，养浩然之气。

传统之主流着力点，乃是由主体的品德精神而开创的功业学问和生命境界，这种精神自觉，是通过天人纵贯一体赋予人的生

---

[1] 张载《西铭》“乾称父，坤称母；予兹藐焉，乃混然中处。故天地之塞，吾其体；天地之帅，吾其性。民吾同胞，物吾与也”大意。

[2] 周敦颐：《周敦颐集》，陈克明点校，北京：中华书局，1990，第33页。

命存在以本体意义，通过道德灵魂的追求以超越个体局限乃至超越生死，来关注、诠释、高扬人的生命意向、生存价值及其生命关怀，进而延伸为社会、民族、国家乃至世界的秩序。儒家的这种特质，是中华民族有识之士强烈的道义担当、人格内省之体现，是天下意识、人文救世精神的最高人格典范与境界。因此，中华文化是一种温情脉脉的生命直观和人文理性主义的“人学”，而不是冰冷无情的西方科学理性主义的“物学”。当我们深入儒家道德观念的内在血脉时，越来越发现，“尊德性而道问学，致广大而尽精微，极高明而道中庸”（《中庸》），整体生命阔大精深，可爱而可信。

因其可爱而可信，中华文化经历了时间的考验，其慧命因因相续绵延数千年，体现出强大的生命力。从孔子“祖述尧舜，宪章文武”开始，无数优秀的心智殚精竭虑，致力于发扬古人，成就了为世界所罕见并至今仍为人所瞩目的中华文化。对此，梁漱溟先生说：“四千年前，中国已有文化；其与并时而开放过文化之花的民族，无不零落消亡；只有他一条老命生活到今日，文化未曾中断，民族未曾灭亡，他在这三四千年中，不但活着而已！中间且不断有文化的盛彩。历史上只见他一次再次同化了外族，而没有谁从文化上能征服他的事。”[1]

---

[1] 梁漱溟：《中国文化的命运》，北京：中信出版社，2010，第22—23页。

结 语

至此，我们试对全书做一简单总结。

在西方，自然宇宙与人生，本体与道德，都分属不同的领域，正如我们在引言中所说的，是“实然”和“应然”、“存有原理”和“应然原理”的差别。这种分立，也导致上帝的归上帝，人的归人，超越与内在隔绝，两个世界堵塞不通，而人的超越性被打翻。这种割裂和隔绝，首先源于苏格拉底对于前苏格拉底哲学生长点的忽视——即建立自然宇宙本体与人的行为之间的关系的尝试，由此，自古希腊哲学以来，西方道德哲学一直在两条永远没有汇合的线路上摇摆，延续至今。

在这种西方话语体系中理解中国古代哲学，理解中国的道德观念，自然就产生了一种削足适履的不适。事实上，不同于西方，中国哲学从一开始就在尝试建立天人之间的内在统一关系，这种努力的重点就沉淀在中国传统哲学对核心概念道、德的建构中。本书就是尝试在古代经典中，尤其是在对道、德都有形而上建构和描述性说明的《老子》和《易传》相关表述的细读中，呈现这两个核心概念的奥秘和细节。在正文中我们已经看到，先秦儒道二家的道乃同为宇宙创生性实体，落实到与人、物的关系时才有了重要的差异，文中所引用《老子》和《易传》则是儒家和道家对同一创生实体——道的两种理论形态的说明，本书旁涉其他经典文本，力图展现其内在差异，并有所打通，有所分判。

本书先从《老子》的道、德概念出发，通过分析《老子》的道概念，我们看到，作为创生实体的道在其理论系统中处于绝对优先的本体地位；为了彰显道，才有了物概念在《老子》系统中的落实。而通过对“德”字的分析我们看到，德是《老子》建立超越的道和物关系的一条纽带，是虚说的，并非实体，起架构和组建的作用，由此，《老子》的道之于物是不离不杂的超越关系，道并非内在于物而为物所禀受。道与物的这种关系导致了《老子》体系中“人为”义的丢失，道德实践的积极意义也一并丧失。正面工夫的丧失，导致人所能做的，就在于智对道的对向观照，要接近道、对道有所领会就要做消极的“日损”“虚静”工夫。但是，在字面上，《老子》对于仁义道德持一种含糊而矛盾的态度，这是因为：一方面，《老子》的理论系统取消了其积极存在的合理性；另一方面，《老子》对道德的树立又有一种“隐秘的渴望”——其原因在于良知冲决一切的真实呈现。这样，《老子》的理论系统与良善一念的真实呈现之间便存在一种矛盾，但由于这种矛盾是由两个出发点所导致的，《老子》本身并无法解决这个问题。

而对于这真实呈显的良善一念，《易传》却能正视之、肯认之、建构之，形成了与《老子》对道的全然不同也更为圆融的诠释方式，这个差异也正是决定《易传》学术品格、学科归属的根本所在。本书结合相关经典，重点通过对《系辞上传》第五章“一阴一阳之谓道”“继之者善也，成之者性也”“显诸仁”等表述的相关理解，可以看到：“一阴一阳之谓道”可视为对《老子》道论的进一步深入，阴阳（形）更能紧密关涉道（形而上）、物（形而下）来落实；“继之者善也，成之者性也”“显诸仁”则是在根本上对《老子》道论的超越——“成”“性”概念决定了道与人、物的关系不再是不离不杂的超越关系，而是内在潜具的关系；“显诸仁”则是此潜具的性在人身上纵贯的呈显，仁本体性地指向人本身，实现了道的呈现方式的根本性转化。《易传》的“显诸仁”真正树立了人的绝对地位——“与天地参”（不同于《老子》的道“本”物“末”），这一转变来源于其对于仁几近信仰的态度，仁心之真实呈显优先于智的对向观照。

以上可视为《易传》对天道仁义同一性的描述，然而《易传》没有正面直接给出这种同一性的根据，却从乾坤并建的角度间接地开显了一个终极性的视域。乾坤并建，这是《易传》对道的全新赋义，“易道”综合乾、坤概念，正面地确立了物在儒家理论体系中的位置，真正实现了物由“末”（《老子》理路中的地位）到“本”的转化。在这里，《易传》打通了显得割裂的“乾—坤”“天—地”“道—物”的概念。同时，《易传》也是仁、义并立，所谓“立天之道曰阴与阳，立地之道曰柔与刚，立人之道曰仁与义”，天道与仁是同一的、先天的，但是仁的呈显仍需借助于后天因缘的触发，只是儒家的先天道德仍然保持着对后天伦理规范的指向，即先天道德落实于现实生活的必然性向度——义，由此，儒家的礼仪规范都得以贞定。《乾文言》由《乾》卦元、亨、利、贞这一终始过程配天道“显诸仁”的“四德”这一终始过程，牢固维系了儒家道德先天维度与其统摄下的后天规范维度的一体性。

《论语》《孟子》与《易传》有大的不同，但两者并非如西方存有论与伦理学那样是割裂的、冲突的，二者是儒家道德观念（天人关系）阐释的两种方式，恰好构成一个在诠释上有所互补的统一的圆圈：《易传》注重“由上而下”阐释超越的天道到人的内在下贯，重在形式的、客观的阐释；《论语》《孟子》注重“下学上达”由一念仁心逆觉体证超越的天道，重在内容地肯认那真实呈显的一念仁心，以对治种种虚妄和“影子”，这个诉求导致与

《易传》言说方式的不同。但是，孟子由孔子“下学”思想发展出的“尽心”系统实现了儒家“尽心—性—天”和《易传》“道—性—仁”的吻合，而“尽”字展现了儒家的工夫论，将儒家本体认同与忧患意识传神精审地彰显出来，使得《易传》“鼓万物而不与圣人同忧”的“忧”与工夫获得了必然性。

由《易传》(以及儒家系统)对于道内在于人，对道德、对人行动的积极肯认和正视，我们说为“负重”。此“负重”，在根本的意义上，是天道与人的不隔，超越的天道、宇宙本体内在于人，呈现于仁，与人通而为一，而人，则以仁、义内在地负载、禀受此天道，“道德有加于身”——那“至尊者道，至贵者德”本体内在于人，此为“负重”之第一义。此“负重”，也是道德的践行，天道呈显于人(仁)，必要求落实、实践于日常中，因此，人需积极地承受之、肯认之、承担之，从家庭开始，父慈子孝，兄友弟恭，夫妇有伦，并由之扩充，“己欲立而立人，己欲达而达人”“己所不欲，勿施于人”，推至朋友、友邻，终至于天下国家，凡此社会人伦规范种种无限的责任与义务，均是成就自身(成仁)、履行道德、建立秩序之必须，于是，一己之悲喜常置之身外，终至于“先天下之忧而忧，后天下之乐而乐”——将家国天下扛于一身，此为“负重”之第二义。此“负重”，在第二义中，是对道德实践之难的认知和执着，天道自然呈显于人，然而，气性禀受有差异，天理与人欲有夹杂，加之世事吊诡，种种曲折，万般复杂，因之，纯净无染之道德心，如何在施行于日常生活时允当不偏狭，则须有分辨有权衡，费尽思量与计较，而结果未必允当无误，这就是孔子说的“任重而道远”“民鲜能久矣”，牟宗三先生表述为“良知坎陷”——如此，夕惕若厉，战战兢兢，如临深渊，如履薄冰，此亦可说为“负重”之第二义。此“负重”，亦为对自然宇宙天下苍生之责任，社会人伦之外，尚有苍生万物，而天道创生万物，万物都禀受同样的天性，都是我的兄弟姐妹，此即张横渠所说的“民胞物与”，于是，宇宙万物我都应该呵护之，成全之，不仅肩负家国天下，自然宇宙草木禽兽亦在吾人一身，为承此重任，“士不可不弘毅”——此为“负重”之第三义。

在儒家这里，道德的归宿在于充满烟火气的世俗社会，作为儿女，作为兄弟姐妹，作为父母，作为丈夫，作为朋友，作为下属，作为上司，等等，生活于一个不断生息繁衍着的社会，这里有生有死，有痛苦有欢愉，有离别有和乐，有不定有恒常，有不平有公正，有丑恶有良善……并于这个世俗社会中，“素其位而行”，担责任，尽义务，实践纯粹无染之道德心，匡正社会，移风易俗，于世俗中成就神圣。而此一生一世、一期一会的过程，也是一个自我成长、自我成全的过程，在此道德实践的“道场”中，浸染、淬炼，常做格物致知诚意正心的工夫，养浩然正气，变换气质，成人，成君子，成大人，圆融无碍发显道德，参天地之化育，则可以像孟子所说的，成就圣贤气象，气色纯正和润，显现在脸上，充满在体内，延伸到四肢[1]，一片和乐。

因此，此“负重”也并非“生命中不可承受之重”，道德本心而发，如能畅其本源，则沛然莫之能御，如孔子一般“从心所欲，不逾矩”(《论语·为政》)。同时，儒家与自然山水无隔，也可以走向自然，走向山林，在天气和暖的阳春三月，忙完农活，和几个大人、几个孩子，到沂水里游游泳，在舞雩台上吹吹风，一路唱着歌回家[2]。又如王阳明游南镇，见花树在深山中自开自落，于是对友人说：“你未看此花时，此花与汝心同归于寂。你来看此花时，则此花颜色一时明白起来。便知此花不在你的心外。”(《传习录》) 彻上彻下，彻内彻外，何等怡然自乐，何等畅快、洒脱，于此，可见儒家道德观念下之大和乐，即在重任之下实现自由！如此，则儒家之“负重”即是“逍遥”！

而由《老子》(以及道家系统)中道与人的隔离，人的行动、道德行为合理性的取消，我们说为“逍遥”。此“逍遥”，从根本来说，乃在道与人的关系，虽然道生成宇宙万物，在人身上超越

---

[1]《孟子·尽心上》“其生色也，睟然见于面，盎于背，施于四体”大意。

[2]《论语·先进》“莫春者，春服既成。冠者五六人，童子六七人，浴乎沂，风乎舞雩，咏而归”大意。

地主宰，但终究与人是一种若即若离、不离不杂的关系，人并没有内在禀受此宇宙的本体，人孤离于道，无所“负载”，此“逍遥”之第一义（本体义）。此“逍遥”，亦因道与人超越地不离不杂，人并未内禀天道以为自己行为之准则，人的主观行动、道德行为并未获得道的约束，并未获得合理性，因此道、人各自两边，人则亦无责任、义务承担践行道的“不可承受之重”，免去了道的承载和背负，免去道德责任、义务之负累，乃至打破规范、礼仪、习俗、禁忌，获得绝对自由，无时间、空间之限制，此“逍遥”之第二义（实践义）。此“逍遥”，亦来自对道的体悟和观照，道家无法像儒家一样由道德仁心逆觉体证天道，而唯有通过“涤除玄览”的工夫和智的观照，方能对于超越的道有所觉解，有所领悟，而在道的观照下，“道通唯一”，万物没有贵贱之别、美丑之分、大小之辨、夭寿之差，乃至是非齐一、物我齐一——由此，悟道之人沉浸在绝对、永恒的道的光照中，而对于现实宇宙无所用心，无所挂碍，人摆脱物累，得以领悟与解脱，世俗之忧愁与烦恼自然烟消云散，此“逍遥”之第三义（认识义）。

在道家这里，为了更好地接近道，必将孤傲地拒绝社会，道德、习俗、规范与礼节，是人为做作，是后天的虚饰，是人自以为是地对道的遮蔽、冒犯和违背。因此，老子主张小国寡民，疆域不要大，人口要少，不使用器具，不背井离乡，不乘坐船和车子，不使用铠甲和兵器，百姓回到结绳记事的时代[1]，“邻国相望，鸡犬之声相闻，民至老死不相往来”（《老子》八十章）。这是一个孤立、隔绝、封闭的世界，一个返璞归真的“桃花源”。而更进一步，则是走向自然，走向山林（这在道教尤甚）：在这里，鸢飞戾天，鱼跃于渊，一切都是道的自然流淌，一切都是真性之袒露；在这里，离形去智，忘掉自我，去除了刻意的计较，远离人的虚伪、文饰和造作；在这里，原始反朴，复归于赤子之天真，复归于道德。这种逍遥，后人津津乐道于老子背骑青牛出函谷关[2]的悠然与洒落，也寄托于庄子的想象，那里翼若垂天之云的鲲鹏，“水击三千里，抟扶摇而上者九万里……”（《庄子·逍遥游》）

然而，道家哲学终究是一种理论的“影子”，由智的观照而建构，事实上，“桃花源”终是虚构和梦呓，社会的藩篱无人能逃脱和超越，道家者流，终将成家立业，处于特定的家庭和社会关系中。而对此伦理关系和社会规范的强扭打破，常令人无限感喟。如陪伴庄子一生、劳碌一生的妻子死了，庄子反而鼓盆而歌，他

[1]《老子》八十章“小国寡民，使有什伯之器而不用，使民重死而不远徙。虽有舟舆，无所乘之；虽有甲兵，无所陈之；使民复结绳而用之”大意。

[2]《列仙传》等有记载。

将人之生死等同于春夏秋冬四季之循环往复，生是从空房子中走出，死是回到原来的空房子里休息[1]，这种理解尽显道家智慧，然其鼓盆而歌之反常，终是以歌声掩盖悲伤（长歌当哭?），反生无尽的悲凉。对于真实涌现的至真至诚的真情，这种试图掩盖而又无法掩盖的极端例子，在道家后学“竹林七贤”之一阮籍那里，更令人唏嘘不已。《世说新语》描述说，母亲死的时候，阮籍照样喝酒吃肉，乃至在公开场合遭人非议，仍然“饮啖不辍，神色自若”，母亲出殡时还蒸了小肥猪，喝了两斗酒，直至最后诀别时才哭了一次；然而，在说了一句“完了”之后，竟口吐鲜血，昏厥过去，很久才醒来。这里，阮籍作为道家，不尊风俗，不崇礼制，为显不羁，装作毫不在意，压抑悲伤，强扭性情，实则，其心中无疑藏有巨大悲恸，甚于常人，此悲痛无法压抑，终至口吐鲜血！因此，永无绝对的“逍遥”。道家之所谓道、德之断裂，天地不仁，人间晦暗，终是一种理论之虚设，抵不过当下那一念真实道德仁心之冲决。即便在理论的“影子”中取消了道德仁义的合理性，它仍作为一种“负载”，作用于你的生活和内心。如此，则此“逍遥”是“生命中无法承受之轻”，是不堪忍受之虚无，则此“逍遥”即是“负重”！

---

[1]《庄子·至乐》“今又变而之死，是相与为春秋冬夏四时行也。人且偃然寝于巨室”大意。

儒道二家的此中区别，均由道德观念的差别而来。如果用佛家的术语表述之，则儒家如菩萨，度己也度人；道家如罗汉，求度己而已。而儒家的力量就在于，它把握住了仁心一念的真实性，它如道家力图“消解”的那样，“不容已”地冲决了一切，但也建构了一切。

此即建构，亦为消解。此即负重，亦为逍遥！

附录：泥淖之歌[1]

——读叶芝的《天青石雕》

1935年6月13日，步入晚年的叶芝70岁生日，这一天，他收到朋友——青年诗人哈利·克里夫顿赠送的一块中国乾隆年间的天青石雕。

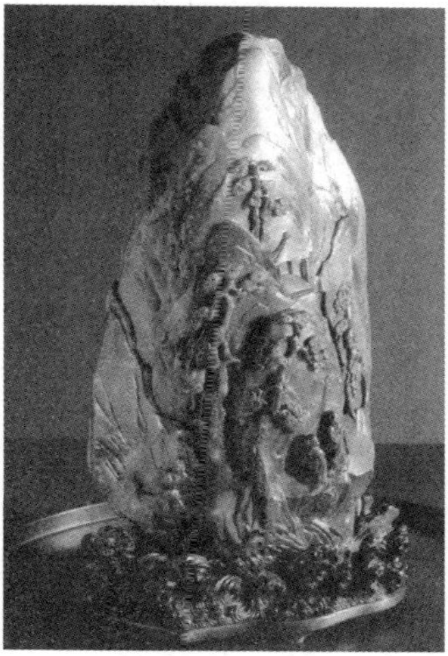

克里夫顿赠送给叶芝的中国乾隆年间的天青石雕

这件来自异域的特殊礼物无疑触动了老叶芝的神经，于是第二天，他就给诗人多萝西·威里斯利写了信，信中这样描述：“有人送我一大块山形的天青石雕作为礼物，那是由中国雕刻家所

[1] 本文删节版原载《广西文学》2021 年第 10 期。

作，上面刻有庙宇、树木、小路和正起身往上爬的隐士和弟子。隐士、弟子和顽石，这都是东方人强调感觉的永恒主题。在绝望中英雄的呐喊。不，我错了，东方永远都有自己的解决办法，因此对悲剧一无所知。是我们，不是东方，必须发出英雄的呐喊。”叶芝并非一时兴起，他对这件礼物给予了持续的关注，在后来给画家埃德蒙·杜拉克的信中，叶芝又对这个石雕念念不忘，还提到它背后模糊难辨的题字。而也就是从那时起，叶芝开始酝酿，一年后写成了他本人称之为“我近年最好的作品”——一首以这件礼物为题的诗，他将这首诗献给克里夫顿，作为对后者友谊的答谢。

显然，在这一年多的时间里，这个天青石雕就像一面镜子一样，深刻唤起并映现出叶芝自己的问题，影子一般挥之不去。我们可以设想，信中那些显得遥远的主题是如何通过天青石雕发生关联的。叶芝去世于1939年初，晚年身体不佳的他，大限将至无疑成了最大的问题，而就在他70岁生日这么个特殊的日子，来自神秘东方的古老的天青石雕——这块冰冷坚硬、漠视着历史变迁与时光流逝的“石头”，这件“不朽”的艺术品，对于颓颓老矣、终身打磨诗歌艺术的诗人叶芝，不啻是种暴击般的提醒：如何面对即将到来的死的问题？如何克服它带来的绝望情绪？诗歌艺术能解决死亡的问题、带给人快乐吗？人类的文明可以吗？如果人是有限的，诗歌艺术以及人类文明能实现永恒吗？这件天青石雕，如同一个争辩者，搅动了叶芝内心深处的黑洞，衍射般让一切发生了偏移。

这些问题关联着叶芝隐秘难知的内心，以及他当时电光石火般难以追踪的细微感应。这些创作机栝的神奇触发无疑令人着迷，然而，要想追踪它们又何其难矣！所幸的是，叶芝耗时一年多打量那件由天青石打磨而成的精致艺术品，最后，他剥去种种芜杂和缠绕，结晶成了另一件艺术品——一首5节56行的诗《天青石雕》。它当然是值得细读的，文德勒就说，《天青石雕》在测试一首严肃的诗里可以容纳多少怪诞的事物，“频繁摇摆于古怪和严肃之间”[1]，它是一首极有难度的诗；而除了繁复炫目如万花筒一般的意象和典故外，它们在不同的时间和空间中穿梭，其天马行空般的跳跃性也让人迷惑……也许，作为叶芝晚年的代表作，如同任何精湛的艺术品一样，我们需要专注地倾听它——每一个句子、每一个逗点，倾听其中隐藏的回声。

一、战争场景：存在的泥淖与问题的提出

了解了叶芝的关切——由生日点燃的关于死和诗歌艺术的问

[1] 海伦·文德勒：《我们隐秘的法则：叶芝与抒情形式》，周丹译，南宁：广西人民出版社，2021，第307页。

题，那么第一节的“偏题”——直接由战争而非天青石雕进入，就不那么令人匪夷所思了。

作为一个高度关注现实与政治的诗人，时代环境引导了叶芝。20世纪第二个十年，席卷世界的第一次世界大战爆发，作为大不列颠和爱尔兰联合王国的一个组成部分，爱尔兰卷入了战火；叶芝写作此诗的30年代，更是一个风云变幻的时代，1936年，爱尔兰右翼分子、蓝衫军的领袖奥达菲对墨索里尼仰慕不已，试图在爱尔兰也实行法西斯专政。战争的阴影笼罩着爱尔兰，也笼罩着叶芝。作为爱尔兰的现实处境，战争就像诗歌一样，倾注着叶芝的同情，吸引着他的注意力。

战争为叶芝提供了一个具体的现实切入点。更为关键的是，它也让叶芝把自己关切的问题有机地结合在了一起。它牵系着人的生死、城市与文明的存亡，在战争中，一切都可能被“夷为平地”、归于尘土；它席卷一切，笼罩一切，是一股不可抗拒、无法逃避的可怕力量。而从效果上来说，没有什么比战争的破坏性和震动来得更直接、更有冲击力，也没有什么比它更引人关注、引发联想了。因此，叶芝在开头撇开坚硬冰冷的石雕，先写水深火热的战争，由此来提出自己的问题。

那么，叶芝是如何提出自己的问题的呢？

我听歇斯底里的女人们说
她们厌恶调色板和提琴弓，
厌恶那总是快乐的诗人，
因为所有人知道或应该知道
如果不采取极端的行动
飞机和齐柏林艇就会出动，
像比利王一样投放炸弹
直到这座城被夷为平地。

首先是提问的角度，“我听歇斯底里的女人们说”，叶芝借助于一个更容易引发关注的角色——“歇斯底里”的女人，提出问题。（“我”虽然在第一行出现，但没有直接介入评论。）显然，女人不同于男人，就感受力来说，她们更为敏感，更能敏锐地触发内心和外在细微的变化；就承受力来说，她们更为脆弱，对现实的反应，也往往更易于外露、放大乃至扭曲变形，变得“歇斯底里”。叶芝就是希望通过这样的提问者，最有力度地呈现人们对战争的反应。

经由这样的提问者，叶芝牵出了“质问”的对象，沉思诗歌的价值、艺术的意义。“她们厌恶调色板和提琴弓，/厌恶那总是快乐的诗人”，叶芝调用象征：调色板—绘画，提琴弓—音乐，诗歌—文学——它们极凝练地代表了所有艺术。同时，全诗聚焦的“快乐”问题也在这里第一次被提了出来，沉湎于日常的女人们质问道：面对战争，生命都不复存在，诗歌（艺术）何为？面对死亡带来的绝望，“快乐”从何谈起？脆弱的女人们放大了现实场景，她们让战争横亘、死神逼视，向艺术提出了一个现实的生存论问题，她们让艺术的“快乐”显得轻佻。显然，这种质问是有力的、不可反驳的。这让我们想起奥登，他曾沮丧地说，诗歌是无能的，它解决不了任何现实问题，在一个不幸的时代，写诗的人是可耻的。

这种对诗歌（艺术）的态度，后面一行从常识的角度进行了强化：“因为所有人知道或应该知道”，所有人（everybody）都不能例外。这一句后面没有标点，因此，在句法上它既关联着上一句，像一个常识的答案：面对战争和死亡，人能因艺术而“快乐”吗？不能；同时，它也关联着下一句，问题如何解决？不同于艺术，它给出了另一种答复：“采取极端的行动”，在人们眼中，唯有“以眼还眼，以牙还牙”，才是解决的办法。这里的重点在于对比：绘画、音乐和诗歌（文学），它们都于事无补，对世界、对现实没有改变，因为它们都置身事外，是一种（艺术的）观看、旁观（eye）；对于处在水深火热中的人们而言，关键是采取手段做些什么（done），它是行动——即使是极端的手段。通过这种

“看”与“做”的对比，诗歌艺术的无力被进一步放大。

为了强调战争的毁灭性和残酷性，叶芝在后面写到，“飞机和齐柏林艇就会出动，/像比利王一样投放炸弹”，飞机和齐柏林艇，是当时杀伤性最大的武器，代表着毁灭和人类破坏的极致。而战争最惨烈的结局，是“这座城被夷为平地”。叶芝在这里间接提出了文明的永恒性问题。城市是现代化的结晶，是人类文明的象征，但战争让它们“夷为平地”，原文是“lie beaten flat”，它在强调，在战争面前，人类的一切努力、土地上的所有建树和文明，都将被打败，归于废墟和尘土。这里也预示了一种彻底的悲观主义，对于战争和灾难，不但艺术无力，人的行动也于事无补。

这两句值得特别注意的是，外在力量（战争）和人的力量的对比与呈现方式。外在力量——巨大的飞机和齐柏林艇临空笼罩，自上而下俯视，炸弹也是由上而下，对于大地上微尘一般、肉身的人而言，是一股可怕的力量；而炸弹在城市爆炸，向上升腾恐怖的蘑菇云，是对这种外在力量的进一步放大，具有最大的视觉冲击力。它就像战争的炫耀，张牙舞爪，让战争和死亡的恐怖感最大化。与外在力量呼应和对照的，就是城市的“被夷为平地”，人类的努力、人类的文明被战争摧毁。最后一行中的“lie”总结了这种关系，也成为后面诗节的起点。lie，平躺，它依附于土地，是人最懈怠、最无力的状态。第一行中的提问者（女人们）也呼应了这种处境，因为女人代表阴柔、顺服、妥协，对现实无能为力，丢失了自己（主体的能量），她们瘫倒在战争恐惧的泥淖之中。

“lie”是泥土的呼唤，暗示人与土地最原初的关系，它将我们带向本诗的母题——东西方神话的共同主题：在西方，人类的始祖亚当、夏娃源于尘土；在东方，人也是女娲用尘土和水混合捏制而成。人并非神性、超越的存在，人是陷于泥淖之中的沉重肉身，是泥淖性存在。这一节充分展现了人陷于泥淖的无力感。这里的人并非抗争者，并非柏拉图对人的那个古老定义——“直立行走”，一种与土地构成冲突和抗争的力量，而是妥协者，妥协于尘土本身。战争，让人的这种存在变得尖锐：它让人处身水深火热之中，带来混乱、灾难和死亡，它将“泥水混合物”的人“打回原形”，它将人以及人的所有作为——文明的象征、平地上建立的城市，夷为平地，也让人如同万物一样，最终归于尘土。

至此，我们看到，第一节表面写战争，实则通过战争提出了叶芝关心的问题：死的问题，诗歌艺术的价值问题，文明的永恒性问题。叶芝理解和同情人们对于艺术的质疑，为了更好地提出自己的问题，唤起最大的关注，在技术上他做了诸多努力：借助于女人们歇斯底里的呼喊（情感的极致），通过战争毁灭性的灾难（后果的极致），通过从上到下笼罩的杀伤性武器（恐怖性的极致），通过炸弹生起的蘑菇云（视觉效果的极致）……叶芝将所有问题集中于一个极具冲击力的战争场景，他借助亲历者，借助场景化，让这个转瞬即逝、极具画面感的惨烈场景，一个血淋淋的镜头，生生横亘眼前，带给你最强烈的体验！当他放大这种灾难性场景时，他的问题也因之得到了最大凸显。而最终，战争的结果，是让人、让文明归于尘土，人的泥淖性存在问题被提了出来：人如何解决问题，在平地上挣扎、挺立乃至实现飞升，获得快乐？后面将回答这个问题。

二、悲剧艺术：对现实的模仿和痛苦的纾解

人人都在扮演各自的悲剧，
哈姆雷特在那傲然走着，李尔在那，
那是奥菲莉娅，那是考娣莉；
可是，若演到最后一场，
巨大的剧场幕布就要落下，
若他们无愧于这剧中的重要角色
就不要中断他们的台词而哭泣。
他们知道哈姆雷特和李尔是快乐的；

快乐改变着那所有的恐惧。
人人都曾追求、寻获与丧失；
灯光熄灭；天光照进头顶：
悲剧达到了它的极致。
即使哈姆雷特游荡，李尔狂怒，
所有的帷幕同时落在
成千上万个舞台上，
它也不会增长分毫。

上一节中，人类“采取极端的行动”，似乎暗示着人类行动所必然导致的结果：就像它的原文“drastic”，字母内部清浊音的激撞、摩擦，演化为另一个词语“tragic”（悲剧）。而第二节，叶芝将从现实层面转移到艺术（悲剧）层面，开始对第一节提出的问题尝试进行回答。

在第一节中，叶芝通过战争提出了死的问题：如果说为了唤起读者注意，增强对问题的体验，第一节呈现为一个被放大的场景（scene），那么第二节则开始对它进行聚焦，通过“人生的落幕”建立起了与这个戏剧化“场景”的关系；而如果第一节只涉及对战争的事实性描述，那么第二节则已延伸向对战争的后果（死）的承受问题。叶芝让它落到了他在信中提到的“悲剧”问题上。为了让两者有效串联，叶芝将在两个有些含混的层面谈论悲剧，一是作为现实生活的“悲剧”，二是作为文学体裁的悲剧，二者通过“舞台”这一极具象征意味的形式——它既关注现实，又关联文学——建立起了关系。

在第二节中，叶芝深化了对战争毁灭性的理解，首先是承受主体的扩大。叶芝说，“悲剧”和痛苦的承受主体不仅是身处战争中的人，事实上，日常生活中，“人人都在扮演各自的悲剧”。更重要的是，这一句表达了叶芝对悲剧本质的看法，悲剧引导了他解决问题的方式，他重述了亚里士多德的经典表述——悲剧即对现实的模仿，是对命运深刻的、艺术化的表达，悲剧也是一种行动（done），这种表述呼应第一节，建立了艺术与现实的联系。在此基础上，叶芝说，其实“人人”（all）——正如第一节中的“所有人”（everybody），都处身悲剧当中，艺术与现实并不隔离。第二三行进一步强调了艺术与现实的含混关系，并深化了悲剧承受主体的普遍性，“哈姆雷特在那傲然走着，李尔在那，/那是奥菲莉娅，那是考娣莉”。这一次，叶芝借用了莎士比亚的两大悲剧《哈姆雷特》和《李尔王》。一方面，这两句诗中，“在那”（there），“那是”（that），均两次重复，这种有具体指称性与经典戏剧人物的搭配，造成了现实与艺术含混的魔幻效果：悲剧并非与现实生活隔绝，艺术并非虚设的桃花源，悲剧适用于现实，悲剧人物就是生活中的你我。另一方面，在强调普遍性的同时，叶芝的镜头从第一节中的群体拉近到个体，哈姆雷特与奥菲莉娅，李尔与考娣莉，他们都是处身伦理关系中的人——父亲被杀，爱人死亡，这都是家庭的悲剧、痛苦的极致。就这样，叶芝从泛泛的人与人的关系，跳转到家庭内部的伦理冲突，他突破了第一节对战争之惨烈的冷漠旁观，而介入了悲剧的强烈感受——就像鲁迅说的，悲剧之为悲剧，就是把美好的东西毁灭给你看。后一句进一步强调了悲剧的不可抵抗性，以及与死亡问题的关联，“若演到最后一场，/巨大的剧场幕布就要落下”，“最后一场”的落幕，就是生命的终结，是死；这种必死性，延续了第一节，它无法逃脱、无法避免，不可阻挡。

那么，令人绝望的必死性如何承受呢？叶芝转向了悲剧艺术的功能问题。“若他们无愧于这剧中的重要角色/就不要中断他们的台词而哭泣。/他们知道哈姆雷特和李尔是快乐的；/快乐改变着那所有的恐惧。”这里的“他们”指的是第一句中的“人人”，这个代词是含混的，前面，为了深入现实和艺术的关系，叶芝提醒，所有人都是悲剧现实的参与者、主导者，是痛苦的承受者；同时，每个人也是悲剧艺术的观看者和扮演者，是痛苦的纾解者。而这一句中，叶芝笔锋模糊一转，开始立于悲剧艺术，立于演员和观众的视角，他强调，如果表演得好，无愧于悲剧中的角色，就不要停下来哭泣，不要让现实打断艺术，戏剧艺术具有独立性。在第一节中艺术被质疑后，他试图回答人如何承受痛苦，在这里第二次提到“快乐”——他的答案立于亚里士多德，是悲剧艺术所带来的宣泄、纾解功能。“快乐改变着那所有的恐惧”，“改变”原文为“transfiguring”，即艺术的转化，也是对死的承受的转化。因为艺术的模仿，“死”转换了形式，转化于作为艺术的悲剧中，变得可以承受；而快乐来自艺术的愉悦——表演与欣赏的愉悦！

因为舞台，叶芝将漫长的人生做了极简化的表达，“人人都曾追求、寻获与丧失”，而“死”是“灯光熄灭”，是最后的丧失。我们看到，如果说第一节将重点放到一个具体的战争场景，人因这种巨大的视觉冲击而无法承受，那么在这里，镜头逐渐拉远，时间延长，从一个场景延长到了人的一生，从“战死”延伸到“自然死”。对于死亡的态度，人们已经接受“人人终有一死”，不同于第一节中的恐怖和震惊，这里有了释然的达观，因为时间、距离，人的情感得到了化解，就仿佛死的问题和人的痛苦可以在时间中稀释一样。悲剧艺术带来了快乐，它对于有限的人而言，无异于天国之光，“天光照进头顶：/悲剧达到了它的极致”，此时，人生的谢幕是悲剧艺术的完成和圆满，天光是艺术的极致，是快乐的极致！叶芝在后面的诗行中做出总结：“即使哈姆雷特游荡，李尔狂怒，/所有的帷幕同时落在/成千上万个舞台上，/它也不会增长分毫。”“游荡”“狂怒”精准概括了悲剧人物哈姆雷特和李尔的“存在”，叶芝是在对悲剧艺术做补充说明：现实的情感不同于艺术的情感，艺术的快乐不被悲剧人物的情感所左右；艺术的快乐是绝对的，对它的感受永远是个体的、内在的，与外在的灾难力量无关，与灾难的大小（“成千上万”）无关。

细看整节诗，我们发现，第一节中那种对人构成压制的外在力量仍然贯穿这一节：第一节中的飞机、齐柏林飞艇、炸弹，它们都是临空俯视，自上而下，从天而降；而这一节中，人生的幕布落下，乃至最后“成千上万”的所有帷幕同时落下，它所象征的“灯光熄灭”——也就是人之死，那种比战争更为直接、更为普遍的力量，也像上帝的雷霆一样是自上而下（drop）降临。这种外在的、必然的、无法抵御的恐怖力量，贯穿了整节诗，而第二节的悲剧艺术顺应了这种力量，是对这种力量的描述和模仿，它所带来的快乐——艺术愉悦的“天光”，也是从上到下，没有任何变化。我们也发现，因为悲剧艺术对现实的深刻模仿，上一节中提到的人深陷泥淖的存在在这一节中得到了充实，变得丰满而真切：人在泥淖中挣扎，基于肉身的爱欲而“追求、寻获与丧失”，在时间的流转和变动不居中，在生死的羁绊中，人经受人间百态的无尽变化，“恐惧”“游荡”“狂怒”，感受死与极乐，所有的人生况味，都在这一节中被充实。

我们看到，第一节提出了死的问题和艺术价值的问题，而第二节，既是对第一节的延续又是对第一节所提问题的辩解。叶芝将它集中在悲剧上。通过它，叶芝串联起了现实与艺术的关系，他扩大范围，延长时间，由现实战争、死的问题转化为模仿的艺术，并由悲剧艺术来回答现实问题：悲剧艺术让人得以在情感上宣泄、纾解，获得了快乐。然而，它所带来的快乐，它“改变”的乃是人的主观感受，那从上而下笼罩的不可抗拒的外在力量，仍在。悲剧艺术顺应这种力量，没有积极的反抗；悲剧只是模仿现实，问题并未得到真正的解答。

三、宗教与哲学：朝向永恒的努力及其失败

他们来了：或徒步，或乘船，
或骑骆驼，骑马，骑驴，骑骡，
古老的文明置于刀剑之下。
而他们与其智慧走向毁灭：
伽里马科斯的手工艺品，
他雕刻大理石如同青铜，
当海风席卷那角落，石像上的

衣纹仿佛要随风飘升，没一件伫立；
他那长长的灯罩，状如
纤细的棕榈树干，只立一日。
万物倾倒又被重新建立，
而那重建的人们是快乐的。

第一节提出人的生死问题，第二节在解决方案上诉诸悲剧艺术的宣泄和纾解，但问题并未得到解决。于是，第三节开始尝试其他的解决方案：宗教/信仰与哲学/理性，并开始讨论文明的永恒性问题。

为了解决问题，“他们来了：或徒步，或乘船，/或骑骆驼，骑马，骑驴，骑骡”，在这两句中，从原始的徒步，到运用工具，到利用各种畜力，人们尝试了不同的解决方式。连续、短促的动宾短语，如同解决问题的艰难与匆忙，如同人类执着的意志。同时，“徒步”“乘船”“骑马”等行进方式，是人类对于不同事物、工具的征服，据傅浩先生注释，他们所利用的不同的动物，象征着埃及人、阿拉伯人、基督教徒、伊斯兰教徒所创造的不同文明，象征着不同的宗教形态[1]。所以，这些努力都归于一种解决方

[1] 叶芝：《叶芝诗集》（下），傅浩译，石家庄：河北教育出版社，2003，第715页。

式——信仰。“他们来了”，其实是人类在漫长的历史河流中所留下的文明足迹。叶芝似乎在告诉我们，面对死亡这样的亘古难题，人们倾向于用原始而执着的信仰来解决问题。

然而，信仰仍然无法解决问题。信仰听从那自上而下的超越性（神）的召唤，是一股强大、执着的力量，但也是一股原始、非理性、盲目的力量，它把自身的力量让渡给一种超越的力量。camel-back，horse-back，ass-back，mule-back，连续出现的“back”似乎就在提醒我们，信仰并非自身对问题的正视（face to face），而是与原初动机背道而驰。不同的信仰各行其是，而一旦它们碰撞，就是冲突的力量——不同文明的冲突。在这两行中，七个短语，七次停顿，节奏加快，就像战争中无序而纷乱的铁蹄，践踏着文明。文明的力量成了毁灭的力量。这似乎呼应了第一节，再次对人类行为进行了质疑，人类“采取极端的行动”就是战争的源头，只是，第一节让人看到了“头顶”科技的毁灭力量（飞艇和炸弹），而这两句，让人们看到了人类“脚下”原始的毁灭力量。它们都是因人类的盲目而带来的灾难，叶芝用一句诗总结：“古老的文明置于刀剑之下。”

如果信仰有着非理性和盲目性，让人类文明毁灭，努力付诸东流，那么理性呢？如果人类依靠自身的认识和智慧来解决问题，结果会不会更好？这种不同于宗教信仰的方向是否会不同于前两节的妥协和无力，让人获得尊严和荣耀？在西方世界，智慧是古希腊哲人的象征，希腊哲学作为一种证实自身力量的方式，震惊了世界——于是叶芝将目光转向了古希腊哲人的解决方案。也许是出于古希腊对人类文明的贡献，以及哲学对于人类理性的启发，相比于前面的两行诗，后面用了6行诗，以古希腊哲学代表文明与毁灭的力量进行角力。叶芝试图通过它来说明对人类文明的守护以及实现永恒的努力。

后面几行聚焦的，是第一节中没有涉及的雕塑艺术：古希腊伽里马科斯的大理石雕刻——不同于瘫软的色泥、缥缈的音符和纤细的诗行，似乎坚硬的大理石雕刻更能表达对于永恒的诉求。“伽里马科斯的手工艺品，/他雕刻大理石如同青铜”，伽里马科斯是公元前5世纪希腊雕刻家，据傅浩先生的注释，他“发明以旋凿雕刻衣纹，曾为雅典守护神庙制作一盏金灯及一个棕榈树形的青铜长灯罩”[1]。雅典娜是智慧女神，金灯代表着光明，是黑暗、蒙昧和无知的对立面，代表着人类的智慧和理性的启蒙。叶芝巧妙地将古希腊的哲学和艺术融为一个具象的金灯，但是在文字上，他只是说“灯罩”——灯罩是守护灯火的，叶芝意在强调这种守护性：守护人类的智慧（文明）之光。伽里马科斯的

[1] 叶芝:《叶芝诗集》(下)，傅浩译，石家庄：河北教育出版社，2003，第715页。

手工艺品，其实就是捍卫和保留人类文明永续所做的努力。所以，不同于第一节中炮火下归于尘土和灰烬的城市，伽里马科斯面对的不是泥土，而是大理石；他还希望它的大理石雕塑就像青铜一样——青铜是当时人们能锻造的最坚硬的物品，代表不朽和永恒。

“当海风席卷那角落，石像上的/衣纹仿佛要随风飘升，没一件伫立；/他那长长的灯罩，状如/纤细的棕榈树干，只立一日。”在诗中，叶芝表现了伽里马科斯艺术的精湛，他发明的旋凿雕刻衣纹让作品栩栩如生，可以乱真，“石像上的/衣纹仿佛要随风飘升”。这是人类自身企向永恒的努力！对比前面诸节，我们来看古希腊哲人所做努力与外在力量的变化。在第一、第二节中，战争、死亡等不可抗拒的外在力量从上而下笼罩——飞艇、炸弹、帷幕、天光，而文明的城市最后“被夷为平地”，人们对此无能为力，叶芝用“lie”来强调。但在第三节，人类的智慧代表着人类的主体性，面对自上而下的无可抵御的力量，人不再无力地瘫倒（lie）在地，不再只是借助悲剧自我纾解，而开始进行自下而上的反抗，做积极的努力：不同于“drop”、无力的“lie”，人们开始强调自身的力量，雕塑“伫立”的原文“stand”，衣纹“飘升”的原文“rise”，都在宣示人们自下而上的反抗的力量；不同于生命的短暂（short），长长的（long）灯罩暗示对守护人类文明永恒性的希冀。“stand”“rise”“long”，是人类致力挣脱泥淖性，让自我挺立、文明不朽的努力。

然而，即使千回百转，这种努力的结果又如何呢？第三句做出了预示，“而他们与其智慧走向毁灭”，尽管他的艺术创造生动而精湛，尽管他雕刻大理石如同青铜，但是，面对“海风席卷”，面对摧枯拉朽、翻天覆地的狂风暴雨，面对时间的沧海桑田，他的艺术就像衣纹一样，柔软、脆弱而无力；面对海风的无所不在、席卷一切，人的所有努力都显得渺小，只不过是一个小小的“角落”而已。同样，那守护文明之光的“灯罩”，渴望长久、永恒（long）的努力，也是“纤细的”（thin），脆弱如“棕榈树干”（而非青铜），所以，伽里马科斯希望守护人类文明获得永恒的艺术——大理石雕像，最终在历史的河流中“只立一日”“没一件伫立”，以失败告终。

人类的努力一次次付诸东流。然而，似乎本节的前两句就对此给出了回应：不同的文明形态仍在不停地“come”（到来），生活依然在继续。在叶芝的诗学观里，人类文明有着周期性的循环，人们前仆后继，文明也因之更迭。前两行与后两行刚好构成一个闭合的圆环：“万物倾倒又被重新建立，/而那重建的人们是快乐的。”这一节告诉我们，没有永恒的文明，然而，叶芝对于个人和历史的关系认识清醒：历史总是在我们身上不断重演，文明在不断重建。并且，叶芝以此不得已的退却，以回避绝境。历史的重复性，“万物”的重建，那被拉长了时间线的轮回，在个人短暂的一生中被体验时，仍然是崭新的经验，所以，悲伤、绝望仍然可被当下的小欢喜所取代，全诗第三次出现了“快乐”——又一次“无奈”的“快乐”！

这一节值得注意的，还有时空处理的变化。第一节，为了有效提出问题，在空间上，截取的是一个具体的战争场景，时间上，则仿佛停留于快速胶卷拍录的当下那一刻，因此，画面清晰，细节明了，情绪被“歇斯底里”地放大。第二节，为了深入体察问题，在时间上，当下的一刻被延长为一生（从生到死），在空间上，具体的场景被放大为“人生的舞台”，也因此，细节被忽略，情绪在艺术观照中获得了纾解。到第三节，视野进一步拓宽、拉伸，在时间上，它延伸为整个人类的历史长河；在空间上，则跨越世界各地，涉及多种文明形态。可以说，在时间和空间上，三节在不断拓展，第三节到了一个极点。为了回答好人的死亡问题，对抗那自上而下笼罩的外在力量，人开始做积极的努力，努力挺立自身的主体性——信仰和自身理性的启蒙，开始让人变得强大起来。不同于第一节、第二节中人的妥协，人希望自己的泥淖之躯能在文明史上，如青铜般留下永恒的印记。只是最终，这种努力也失败了，人类文明无法得到永恒的保存；所谓的“快乐”，完全是在一种历史的遗忘中建立，人被迫生活于自身短暂人生的小确幸之中。

四、天青石雕：和谐而富生意的中国场景

两个中国人，身后还有一个，
被雕刻在天青石上，
在他们头顶上飞着一只长腿鸟，
一个长生不老的象征；
第三个，无疑是个仆人，
携带着一件乐器。

终于，第四节承接上一节的大理石雕刻，触及了这首诗的主题词，开始直接谈论中国的天青石雕——这尊长约26.7厘米、高约30.7厘米，乾隆时期的石雕。在这节只有6行的诗中，叶芝粗略呈现了石雕上的一个场景，勾勒了石雕上的主要人、物及其关系。它就像你一眼瞥到的天青石雕的轮廓——你还没来得及看其中的细节：天然的纹理、材料的缺陷，以及时间带来的磨损和变化等。

正如我们曾提及的，在一首以天青石雕为主题、共五节的诗

中，直到第四节才涉及石雕，是不是有些“偏题太远”？当然不是。让我们来细看它与全诗主题及前三节的关联：

一方面，是在场景和时间上对前三节的呼应和延伸。为了回应问题，第一节的一个即时性场景，到第二节被移到了一个舞台，在时间上延长为人的一生；第三节则进一步拓展——世界不同的文明形态、整个人类的历史，在时间和空间上达到了极限。然而问题并没有解决。于是，这一节呼应第一节，回到了一个即时性场景，对石雕的场景进行了描摹，似乎希望在另一个场景对那困扰已久的问题进行解决。另一方面，第一节对绘画、音乐和诗歌的价值进行了质疑，而这一节表面上是对雕塑的描摹，实则让三种艺术融汇一处：石雕上的人、物，就像凝固了的立体绘画，音乐体现在仆人携带的“乐器”上，而诗歌就是叶芝的诗行本身。同时，第二、三节所涉题材也被容纳于天青石雕：石雕上的三个人呈现出一定的戏剧性关系；而画面上的人物和长腿鸟，标记了中国道家重智慧的独特文化氛围，这是对第三节古希腊哲学的呼应。这样，我们就看到，前三节的题材不被觉察地合而为一，汇归于这一节——一个新的场景。它们相互呼应，面对同样的问题。

这一节也不同于前三节，我们来细看其中的变化。一是场景和画面性质的变化，在前三节中，尤其是第一节的现实场景，画面充满了紧张、混乱，充满了不安和歇斯底里的情绪，而这一节，雕刻美丽，画面和谐，充满了秩序感。天青石雕固然呈现了一个具体场景，但它已不同于第一节，它不再是现实场景，而是一个艺术场景；它不再是对现实的质疑，而是在对问题进行回应（后面我们将看到）。二是场景呈现视角的变化，不同于第一节的放大——放大画面和人们的心理反应，初看之下，这里是缩小：空间缩小、人物缩小，也因此，细节、人物及其表情变得模糊，充满了中国写意画的特色。三是诗歌节奏的变化，文德勒观察到：不同于前面行军般的四音步，“他简要描写石雕上的人物以阻止四音步前进；此处，这首诗的组成单位由四行诗节‘减少为’行末标点的两行句法单位（一系列的逗号，一个分号和一个句号）”[1]，从这一节开始，内容变得简单，节奏变得舒缓，叙述有条不紊，充满了道家的悠然和从容。四是人数上的变化，前三节涉及不同的族群，他们是遭遇战争、身处混乱、朝向死亡的人，而这一节只有三个人，在道家文化中，“三”是一个“生生之数”——“三生万物”，它是创生性的，意味着新生和未来。与此关联，它们体现了对于死亡态度的变化，第一节充满死亡和毁灭的色彩，而这一节中的“长腿鸟”，在道家文化中是“一个长生不老的象征”，它提示人能够从泥淖中跳脱、挣出……

[1] 海伦·文德勒:《我们隐秘的法则：叶芝与抒情形式》，周丹译，南宁：广西人民出版社，2021，第307页。

此外，还有贯穿全诗的两股力量对比的变化，在第一、二节中，飞艇、炸弹、帷幕，笼罩着一股自上而下不可抗拒的超越力量，人类对此力量无能为力，第三节人类试图自下而上，通过精湛的艺术“伫立”“飘升”，但最后“没一件伫立”；而这一节，出现了新的意象——仙鹤，不同于人沉重的肉身，它长着翅膀，轻盈，代表着一股决然不同的自下而上的力量，一个新的物种，它属于头顶的天空，意味着人成为另一种存在的可能，摆脱泥淖，羽化飞升，成仙成道，一种“长生不老”的希望。这样，虽然呈现的是一个缩小的场景，但它象征着无尽的宇宙视野，一种截然不同的空间观；虽然停留于一刻，但是其中意味着永续的时间，一种截然不同的时间观。不同于第一幕中“歇斯底里”被极端放大的人，在石雕中，山大，而人，只是影影绰绰能识别出人形，如同中国画的观念，人在世界中是一个和谐而渺小的逗点，这是从宇宙与生命的角度来看待人：人作为自然生命的一个部分，人的无限在于融入自然宇宙永续的生命中——这就是道家的天人合一。

总之，第四节既承续和总结了前三节，同时又发生了重要变化——它习焉不察，不着痕迹，让这一切悄悄地在一个画面中沉淀；而我们也仿佛突然一顿，世界安静了下来，像一个在思考的空镜头，在等待一个更好的答案。

五、攀登与飞升：中国智慧及其超越的化解

石上每一块褪色斑痕，
每一处偶现的裂隙或凹窝
都像是一道激流或一场雪崩，
或依然积雪的高耸山坡
然而杏花或樱枝无疑
熏香了半山腰那小房舍——
那些中国人正朝它攀登；而我
乐于想象他们在那里坐定；
在那儿，他们凝视着山峦和天空，
凝视着一切悲剧的场景。
其中一位请奏悲伤的曲调；
技艺纯熟的手指便开始弹奏。
他们的眼周尽是皱纹，他们的眼睛，
他们古老而发光的眼睛，是快乐的。

如果说上一节轮廓简约、节奏舒缓，像个一晃而过的镜头，安静而超越，那么这一节则是这个镜头移近、定格，在对石雕细细打量。它容纳了细微的景观，深化了其中的细节。

“石上每一块褪色斑痕，/每一处偶现的裂隙或凹窝/都像是一道激流或一场雪崩，/或依然积雪的高耸山坡”，这件艺术品上面有着“褪色斑痕”“裂隙或凹窝”，它们可能是因为天青石本身的质地，也可能是因为时间所带来的磨损，对于一件艺术品而言，它们是不完美的既成现实。然而，就是这些不完美，关联着全诗的“悲剧化场景”：斑痕、裂隙、凹窝暗含着分裂、残缺，激流、雪崩、积雪的山坡则暗含着崩塌、溃败，这些冷色调的词语，就像针一样刺穿并牵引着战争和毁灭，隐射着人生的悲剧；而形容词化了的动词“偶现的”，道尽人生的无常和变幻。最重要的是，正如全诗始终贯穿的无法摆脱、无可抵御的自上而下的力量，这里的激流、雪崩也因引力，自上而下倾泻——那种无可更改的压迫性力量仍在。所以，前面提出的问题，一开始就在这里被召唤了出来，成为基调和背景。

然而，它们虽然被容纳，但经石雕艺术家的处理，发生了根本的转化。这种转化，与中国山水画的结构和透视紧密相关。西方的绘画，为了增加效果，所有的造设都围绕、服务于一个中心，它所呈现的是特定时间中的特定空间。不同于西方的焦点透视，中国山水画采用的是散点透视，每一个部分与其他部分相呼应，但又负载独立的时间，因此，一幅山水画常常容纳着流动的历史和多元的空间。天青石雕融入了中国山水画的特性，一方面，斑痕、裂隙、凹窝，激流、雪崩、积雪的山坡，独立自存着，它们所象征的战争、人生悲剧等，它们承载的复杂意义还在；另一方面，在这山水画中，它们又都被缩小，斑痕、裂隙、凹窝被改造成为激流、雪崩、积雪的山坡，这些重要的意义承载单位，在这里成了“自然”以及美丽画面的一部分。在这种和谐中，历史的时间性被自然化解，成为永恒的当下。而那自上而下笼罩一切的力量，它们的毁灭性、冲击性，被减弱，被超越，它们的存在是“偶现的”存在，转化为一件艺术品的构件，成为和谐的一部分。

天青石雕的中国山水画效果已经开始回应本诗提出的问题，画面上的杏花或樱枝则更进一步，“杏花或樱枝无疑/熏香了半山腰那小房舍——”，天青石雕上除了河流、雪崩和积雪的山坡，还有色彩感截然不同的杏花和樱枝：画中的悲剧化场景，那激流和雪崩潜藏的危险和寒冷，并未让中国人“歇斯底里”，因为，画中杏花和樱枝温暖而甜美的花香，改变了周围冷酷的环境和现实，后者被“熏香”了，因此，三个中国人虽然身处“悲剧的场景”，仍能处之淡然与超然。而不同于前面四句中静止的画面，“高耸山坡”带来了后几行的动态：面对险峻的大山和悲剧化场景，“半山腰”上的人迈出了“一大步”，“那些中国人正朝它攀登”，与全诗笼罩的自上而下的力量不同，与河流和雪崩流向不同，这里出现了人自下而上的努力——向上攀登。这种攀登，指向一种截然不同于之前的努力，在中国道家看来，山和天象征着超越，它与中国核心概念“道”紧密相关，中国智者的努力在于得道，因道实现永生；在道教中，道家的这种努力被进一步拓展，与上一节仙鹤的经典象征呼应，它期待修仙、飞升，以打破现实的束缚和肉身的局限，获得长寿乃至永恒。

而此时，“我”，隔了多节，在全诗中第二次出现，他罕见地中断了叙述，强行介入，“而我/乐于想象他们在那里坐定；/在那儿，他们凝视着山峦和天空，/凝视着一切悲剧的场景”。依靠“想象”，叶芝将石雕画面进行了延伸，他“想象”他们停了下来——“坐定”，连续两行出现“在那”（there），呼应第二节连续两次出现的“在那”（there），不同在于：不同于悲剧人物在那里“走着”“追求、寻获与丧失”“游荡”“狂怒”，身处不安和恐惧；中国智者“坐定”“凝视”，这些词色彩淡定而安然，与世无争，毫无不安和恐惧感。中国智者“凝视着山峦和天空”，一方面，山峦和天空不同于第一节中被“夷为平地”的城市，它们高高矗立、无边无际，不可摧毁、不可超越，同时，它们恒常而稳定，代表了巨大而安稳的力量、超越的力量；另一方面，不同于自上而下笼罩的压制性力量，它们牵引着人从下向上凝望，企向山峦和天空所象征的那无限和永恒的力量。此时，叶芝回应全诗，再次提及“悲剧”的问题：“凝视着一切悲剧的场景。”人生的一切悲剧场景，灾难和苦痛，在无边无际的天空和安然矗立的高山面前，都渺小如石雕上偶现的“裂隙”和“凹窝”，它们就这样被克服、被超越了。这就是叶芝在信中说的，对于悲剧，“东方永远都有自己的解决办法”。

在中国智者看来，高耸的山峦和无边的天空所象征的道是圆满的大欢乐，中国智者沉浸在对无限而超越的道的观照和追求中，但是，他们未能像儒家一样建立起道与世间、伦理的直接关联，对世俗生活与人的行动缺乏积极的肯定，因此，道家有着宗教的色彩（这也是道教产生的原因），它对于世俗的基调是淡漠的、悲观的，眼底满是“永恒的悲伤”，因而寄情山水，“坐”而论道。而即使对于人生的“悲剧的场景”，也从来都是闲情逸致一般的，音乐是排遣的方式：“其中一位请奏悲伤的曲调；/技艺纯熟的手指便开始弹奏。”中国音乐并非悲剧“模仿的艺术”，并非场景的复写，所以这里，悲伤的细节和内容被忽略、被超越，最后两句点明这种超越的“快乐”：“他们的眼周尽是皱纹，他们的眼睛，/他们古老而发光的眼睛，是快乐的。”叶芝最终回到前面提出的问题，这也是70多岁的老叶芝自己的问题。皱纹，意味着年老，意味着阅尽人生的悲欢离合，也意味着人生的尽头，人生的帷幕即将降落，这就像叶芝的处境。但是，在中国智者这里，皱纹，则意味着长寿，意味着接近道的世界——道不增不减，亘古长存，如日月星辰、山川河流，提供了永恒的可能！而“死”，是消弭，更是汇入无边无际的超越性中！在年长的智者那里，那些悲剧场景已经风轻云淡。所以，叶芝并没有用“年老”（old）来形容中国智者，而是用“古老”（ancient），指向“修道”“修仙”之永恒。

在这里，叶芝最后一次写到了“快乐”，它是在与贯穿全诗的自上而下笼罩的力量的对抗中，与死亡力量的角力中，人的胜利！第一次提到“快乐”，是歇斯底里的女人们对艺术的质问，面对战争——飞机和齐柏林艇投放炸弹，城市被夷为平地，艺术无能为力，因此诗人（艺术家）的“快乐”是轻佻而可耻的。第二次，是面对人生帷幕的降落、死亡的来临，悲剧艺术顺应着现实，模仿着现实，人们依靠艺术的“改变”得以纾解绝望，沉浸在艺术天光的“快乐”之中。第三次，是面对历史的“海风席卷”，人类的努力脆弱而渺小，文明一次次被摧毁，在遗忘和重建中，有限的人体验到崭新的“快乐”。而在这里，面对“激流”和“雪崩”自上而下，中国智者企向超越性的“山峦和天空”，转而往上攀登求索，而就在朝向超越性的无限上升的“凝视”中，原本两种对抗的力量——自上而下和自下而上的两股力量——发生了和解、转化，中国智者仿佛因为这种主体的久久“凝视”转而成了那被凝视的客体本身，成了那永恒而超越的道本身，如山峦矗立、天空笼罩！中国智者沉浸在道的绝对快乐中，如同获得了金刚不坏之身，如磐石般不能被任何恐怖的武器、被任何撕裂的情感所伤害！这种快乐，如道家的创始人之一庄子所说的那样，生死如大化流行中的一环，人生若寄，死不是离去，而是朝向永恒，圆满的回归！

于是，我们看到了人——作为泥淖性存在的上升过程：在天空下，在超越的力量之下，人如尘土一般匍匐，如泥淖般瘫软、胶着，被一只不可见的手揉捏、塑造，在尘世追求、寻获、丧失，感受爱欲、恐惧、绝望；为了挣脱这滞重胶着的泥淖，获得快乐，在诗行的推进中，叶芝呈现人的对抗与努力，从无力地瘫倒在地（lie），到后来的升起（rise），再到最后中国智者立于山腰（而非平地），朝向超越的“山峦和天空”“攀登”，全诗展现了泥淖之身的人从平地上升的过程——而这个逐渐上升的过程，也就是从绵软无力的泥淖中挣脱的过程，是从短暂朝向永恒的过程。最后，人成为头顶那笼罩一切的天空的一部分，成为如巍峨耸立的山峦的一部分，坚硬，如留存了两百多年并将继续留存下去的美丽的艺术品——天青石雕。

六、冰冷的超越：无力而无奈的泥淖之歌

叶芝的深刻性在于，虽然乞援于答案，但他并没有停留在不食人间烟火的超越性中，在貌似已经结束的诗行中，隐藏着他回环写作的艺术，隐藏着他彻底的怀疑主义。

首先，我们发现，在最后短短的两行中，“眼睛”（eyes）出现了三次，而就在同一节中，面对山峦和天空，面对悲剧的场景，也两次出现了“凝视”（stare），都与眼睛相关。这样高频率出现的词语，叶芝意在强调，问题的解决乃在于一种“观看之道”：怎么看，怎么理解，这是艺术（悲剧、雕刻、绘画、音乐）的问题，也是思想（宗教、哲学）的问题。最后一节让我们看到，中国智者深谙观看的智慧（道家崇尚静观、玄览），他们仰望山峦和天空，通过它，实现对于人生的悲剧场景——死的问题的解决以及人的有限性的超越，获得大欢乐。这种观看是一种“照彻”，有着神奇的“转化”能量，叶芝在最后一行中将其表述为“发光”。但是像一个隐秘的回环，“eyes”“stare”也提醒我们回到第一节，面对“歇斯底里的女人们”的控诉和质问，因为它也意味着旁观，意味着无能为力。在这里，是现实主义而非象征主义，成了叶芝的出发点。“女人们”仿若叶芝的对立代言人、自我争辩的对象，代表着艺术必须面对的另一个维度：自己穷尽了一生的“想象”

(艺术),能经受现实的拷问吗?现实是校准仪,它要求的是“行动”(done),而非眼睛(eyes)观看,哲学、艺术对于现实无法改变。这对于信奉眼睛的“转化”能力(不管是肉眼,还是心灵的眼睛)、信仰“观看”艺术的人来说,是最初的也是最后的质疑。

其次,我们也注意到全诗中仅出现两次的“我”:第一次是第一节中的“我听(说)”,引用“歇斯底里的女人们”一抛出问题之后,“我”就隐遁了,就像躲在暗处,心领神会冷眼旁观人类的表演;最后一次是最后一节中的“我想象”,当天青石雕描述完成,“我”又出现了。我将这次出现称为强行介入,因为,全诗以天青石雕结束,完全可以是一个圆满的大结局:西方悲剧(艺术)以及信仰、智慧(各种文明)解决不了的问题,在中国智者这里解决了。叶芝本可以顺着智者在半山腰攀登的画面,让它自然延伸,让他们登顶,成全他们对永恒、对超越的追求;即便无法实现,也可以在“长腿鸟”等的暗示中,在画面显示的动态延伸中,给读者(也给人类)保留一个希望!但是,叶芝强行阻断了这种可能,依靠他的“想象”:在中国智者从下向上攀登的努力中,叶芝让他们停留在了“半山腰”,而没有让他们登顶!这如同任何一个现实主义者的质疑:人渴望通过向上的努力,实现永恒和无限,但人终究是肉体凡胎,绝无可能挣脱泥淖之躯,羽化登天。

以上问题，似乎都源自叶芝对超越性的质疑，他似乎早早就从迷幻的信仰、超越的追求、肯定的执迷中跳脱了出来。在中国智者眼里，不再有泥淖的平地，而只有巍峨冷峻的山峦和一无所有的天空，他们人生的指针只指向如如不动、超越性的道，他们渴望修道成仙，以渺小的自我汇入无边的“大我”；他们无所用情于世俗和现实，世间万物如一件艺术作品上的缺陷和不足，是要被忽略和漠视的存在，于是他们隔离尘世，走向山林，寄情山水，不食人间烟火地乞援于山峦和天空——那通往无限的归途。但是，叶芝似乎已经判定通往绝对超越性的后果：世界变化万端的丰富性不见了——万事万物，丧失了自己的色彩和温度，不再流动和变化，如如不动汇入同一，天空一无所有，山顶极度冰寒；那个有血有肉的“我”消失了——人通过超越完成了对自我的压制，人不再有爱欲，不再因之而追求、录获与丧失，不再徘徊、哭泣、愤怒、痛苦，冷漠于世界的奇迹，不再是在感受、在呼吸的活生生的生命，“我”归于“无我”；时空也消失了——这里与那里，此时与彼刻，没有了差异，人处身真理的贫瘠和荒芜之中！这里没有悲伤，也没有快乐，即便身处悲剧场景，他们心里却没有悲伤的感觉。

为呈现这如石雕一般永恒而冰冷的死亡状态，叶芝用的是生命迹象的最后征兆——呼吸和脉动：在最后一节，节奏变得徐缓，它就像迈着老迈步伐的老人，毫无活力和生气，单一，静止，一片死寂，在最后两行中，围绕眼睛，破成五个没有意义推进的碎句，五处停顿，最后仿佛停在眼中柔和而欣慰的“快乐”中，安详地停止了心跳。

结　语

这首诗起于一个小小的站点：1935年6月13日，一个生日礼物。但是，这个站点，这个礼物，变成了一个刺穿时间与空间暗道的神秘机栝，推动了种种因缘和牵引的神秘感应和交响，70多岁的老叶芝像考古工作者一样，着眼于平地上人的泥淖性存在，在生日探索死亡的问题，由终点发掘着创始的神话，从自我思考整全，心怀悲悯地记录人类追寻、上升、溃败的轨迹——人类所有文明的建立以及它们的崩塌。

但它仍是一种无尽的歌唱——关于生命，关于快乐的获得，关于艺术（文明）的价值与永恒的穷索，它是在尘世中，血肉之躯的人无限上升的努力，一曲无力而无奈的泥淖之歌。所有人都在做这种努力，悲剧舞台上的人是，信徒和哲人是，中国智者是，叶芝也是。

参考文献

一、中国文献

李学勤，主编．十三经注疏［M］．《十三经注疏》整理委员会，整理．北京：北京大学出版社，1999.

国学整理社辑．诸子集成［M］．北京：中华书局，2006.

严　遵．老子指归译注［M］．王德有，译注．北京：商务印书馆，2004.

许　慎．说文解字注［M］．段玉裁，注．上海：上海古籍出版社，1981.

王　弼．王弼集校释［M］．楼宇烈，校释．北京：中华书局，1980.

邵　雍．皇极经世书［M］．卫绍生，校注．郑州：中州古籍出版社，2007.

周敦颐．周子通书［M］．徐洪兴，导读．上海：上海古籍出版社，2000.

张　载．张载集［M］．章锡琛，点校．北京：中华书局，1978.

程　颢，程　颐. 二程遗书［M］. 潘富恩，导读. 上海：上海古籍出版社，2000.
朱　熹. 四书章句集注［M］. 北京：中华书局，2012.
王守仁. 王阳明全集［M］. 吴光，钱明，董平，姚延福，编校. 上海：上海古籍出版社，1992.
黄宗羲. 明儒学案［M］. 沈芝盈，点校. 北京：中华书局，1985.
王夫之. 周易外传［M］. 李一忻，点校. 北京：九州出版社，2004.
王夫之. 周易内传［M］. 李一忻，点校. 北京：九州出版社，2004.
李光地，纂. 周易折中［M］. 刘大钧，整理. 成都：巴蜀书社，1998.
李道平. 周易集解纂疏［M］. 潘雨廷，点校. 北京：中华书局，1994.
马一浮. 马一浮集［M］. 虞万里等，校点. 杭州：浙江古籍出版社，浙江教育出版社，1996.
熊十力. 读经示要［M］. 北京：中国人民大学出版社，2006.
熊十力. 新唯识论（壬辰删定本）［M］. 北京：中国人民大学出版社，2006.
熊十力. 体用论［M］. 北京：中国人民大学出版社，2006.
熊十力. 原儒［M］. 北京：中国人民大学出版社，2006.
金岳霖. 论道［M］. 北京：中国人民大学出版社，2005.
钱　穆. 庄老通辨［M］. 北京：生活·读书·新知三联书店，2005.
冯友兰. 贞元六书［M］. 上海：华东师范大学出版社，1996.
冯友兰. 中国哲学史新编［M］. 北京：人民出版社，2004.

徐复观. 中国人性论史·先秦篇［M］. 上海：华东师范大学出版社，2005.
徐复观. 中国思想史论集［C］. 上海：上海书店出版社，2004.
徐复观. 中国思想史论集续篇［C］. 上海：上海书店出版社，2004.
唐君毅. 中国文化之精神价值［M］. 台北：正中书局，1987.
唐君毅. 中国哲学原论·导论篇［M］. 北京：中国社会科学出版社，2005.
唐君毅. 中国哲学原论·原性篇［M］. 北京：中国社会科学出版社，2005.
牟宗三. 智的直觉与中国哲学［M］. 台北：台湾商务印书馆，1971.
牟宗三. 心体与性体［M］. 上海：上海古籍出版社，1999.
牟宗三. 从陆象山到刘蕺山［M］. 上海：上海古籍出版社，2001.
牟宗三. 牟宗三先生全集［M］. 台北：联经出版事业股份有限公司，2003.
牟宗三，主讲. 周易哲学演讲录［M］. 卢雪昆，录音整理. 上海：华东师范大学出版社，2004.
牟宗三. 才性与玄理［M］. 桂林：广西师范大学出版社，2006.
张岱年. 中国哲学大纲［M］. 北京：中国社会科学出版社，1982.
杨伯峻，何乐土. 古汉语语法及其发展［M］. 北京：语文出版社，1992.
劳思光. 新编中国哲学史［M］. 桂林：广西师范大学出版社，

2005.
余敦康. 易学今昔[M]. 桂林：广西师范大学出版社，2005.
陈鼓应. 老子注译及评介[M]. 北京：中华书局，1984.
陈鼓应. 老庄新论[M]. 上海：上海古籍出版社，1992.
陈鼓应，赵建伟，注译. 周易今注今译[M]. 北京：商务印书馆，2005.
成中英. 易学本体论[M]. 北京：北京大学出版社，2006.
成中英. 成中英文集 二卷 儒学与新儒学[M]. 李翔海，邓克武，编. 武汉：湖北人民出版社，2006.
成中英. 成中英文集 一卷 论中西哲学精神[M]. 李翔海，邓克武，编. 武汉：湖北人民出版社，2006.
杜维明. 论儒学的宗教性：对《中庸》的现代诠释[M]. 段德智，译. 武汉：武汉大学出版社，1999.
刘大钧，林忠军，注译. 周易传文白话解[M]. 济南：齐鲁书社，1993.
范良光. 易传道德的形上学[M]. 台北：台湾商务印书馆，1982.
刘笑敢. 老子古今：五种对勘与析评引论[M]. 北京：中国社会科学出版社，2006.
张祥龙. 海德格尔思想与中国天道：终极视域的开启与交融[M]. 北京：生活·读书·新知三联书店，1996.
张祥龙. 从现象学到孔夫子[M]. 北京：商务印书馆，2001.
马德邻. 老子形上思想研究[M]. 上海：学林出版社，2003.

陈　来. 有无之境：王阳明哲学的精神［M］. 北京：人民出版社，1991.

陈　来. 宋明理学［M］. 上海：华东师范大学出版社，2004.

陈　来. 朱子哲学研究［M］. 上海：华东师范大学出版社，2000.

袁保新. 老子哲学之诠释与重建［M］. 台北：文津出版社，1991.

杨国荣. 善的历程：儒家价值体系研究［M］. 上海：上海人民出版社，2006.

杨国荣. 心学之思：王阳明哲学的阐释［M］. 北京：生活·读书·新知三联书店，1997.

杨国荣. 伦理与存在：道德哲学研究［M］. 上海：上海人民出版社，2002.

颜炳罡. 新儒学引论［M］. 北京：北京图书馆出版社，1998.

颜炳罡. 牟宗三学术思想评传［M］. 北京：北京图书馆出版社，1998.

林忠军. 易纬导读［M］. 济南：齐鲁书社，2002.

郑　开. 道家形而上学研究［M］. 北京：宗教文化出版社，2003.

王新春. 解读不尽的宝藏：神妙的周易智慧［M］. 北京：中国书店，2001.

孙伟平. 事实与价值：休谟问题及其解决尝试［M］. 北京：中国社会科学出版社，2000.

孙伟平. 伦理学之后：现代西方元伦理学思想［M］，南昌：江西教育出版社，2004.

沈顺福. 儒家道德哲学研究：德性伦理学视野中的儒学［M］. 济南：山东大学出版社，2005.
李承贵. 德性源流：中国传统道德转型研究［M］. 南昌：江西教育出版社，2004.
徐圣心. 阴阳神化与继善成性：宋明儒对《系辞·上传》第五章第一节的阐释［J］. 周易研究，2007（4）.
张跃军，周丹. 叶芝“天青石雕”对中国山水画及道家美学思想的表现［J］. 外国文学研究，2011（6）.

二、外国文献

北京大学哲学系，外国哲学史教研室，编译. 古希腊罗马哲学［M］. 北京：商务印书馆，1961.
康 德. 判断力批判［M］. 邓晓芒，译. 北京：人民出版社，2002.
康 德. 实践理性批判［M］. 邓晓芒，译. 北京：人民出版社，2003.
康 德. 纯粹理性批判［M］. 邓晓芒，译. 北京：人民出版社，2004.
康 德. 道德形而上学原理［M］. 苗力田，译. 上海：上海人民出版社，2005.
黑格尔. 哲学史讲演录［M］. 贺麟，王太庆，译. 北京：商务印书馆，2011.

叶芝. 叶芝诗选［M］. 袁可嘉，译. 北京：外语教学与研究出版社，2012.

叶芝. 叶芝诗集［M］. 傅浩，译. 石家庄：河北教育出版社，2003.

汤因比，池田大作. 展望21世纪：汤因比与池田大作对话录［M］. 荀春生，朱继征，陈国梁，译. 北京：国际文化出版公司，1999.

海德格尔. 形而上学导论［M］. 熊伟，王庆节，译. 北京：商务印书馆，1996.

海德格尔. 路标［M］. 孙周兴，译. 北京：商务印书馆，2000.

海德格尔. 林中路［M］. 孙周兴，译. 上海：上海译文出版社，1997.

海德格尔. 存在与时间［M］. 陈嘉映，王庆节，译. 北京：生活·读书·新知三联书店，2006.

列奥·施特劳斯. 自然权利与历史［M］. 彭刚，译. 北京：生活·读书·新知三联书店，2006.

以赛亚·伯林. 浪漫主义的根源［M］. 吕梁，洪丽娟，孙易，译. 南京：译林出版社. 2011.

以赛亚·伯林，贝阿塔·波兰诺夫斯卡-塞古尔斯卡. 未完的对话［M］. 杨德友，译. 南京：译林出版社，2014.

约翰·罗尔斯. 正义论［M］. 何怀宏，何包钢，廖申白，译. 北京：中国社会科学出版社，1988.

约翰·罗尔斯. 道德哲学史讲义［M］. 顾肃，刘雪梅，译. 北京：中国社会科学出版社，2012.

海伦·文德勒. 我们隐秘的法则：叶芝与抒情形式［M］. 周丹，译. 南宁：广西人民出版社，2021.

江文思，安乐哲，编. 孟子心性之学［M］. 梁溪，译. 北京：社会科学文献出版社，2005.

小野泽精一，福永光司，山井涌，编. 气的思想：中国自然观与人的观念的发展［M］. 李庆，译. 上海：上海人民出版社，2007.

后　记

1

多年前，论文完成后我写了一个后记，对当时的我来说，它是一个重要的总结，所以仍保留在这里，作为一个痕迹。

论文敲定的时候，我绕着校园走了两圈，好久没这么漫无目的地在我生活了三年的校园里这么走走了，一切还这么新鲜，甚至陌生。现在，我只想就这么走走，撇开所有问题，去经验一下外面的早春，那些伟大的思想在资料室蒙尘，但是外面却时刻发生着我所不知道的事情，带给人一次次惊喜和意外，刷新你。

在通往宿舍的那条人行道上，地下的暖气曾经使那片草地一度枯萎，我在很久以前就宣布了它的死亡，但是现在，我却看到它鲜活地抽身出来，整片整片的，使人雀跃。校园里的花也全开了，它们比我更懂得春光珍贵，只要一整天的太阳，就可以开得花枝乱颤，白色的、粉色的花瓣飘飞，惊动整片空气，点缀整片土地。一些老人和流浪者在这里逡巡，孩子们在这里飞奔、撒野，追逐一群灰色的麻雀。不同于我呆板的生活，所有这些都有着不一样的颜色，以及属于它们自己的动静。那些与我一样立于地面却高过我的树，那些飞翔与栖息的鸟，那些伸展的小路，那些鲜活的草地……仅仅两圈，整个学校就那样毫无保留地敞开，而第二天它们又将是另一番样子，一道光就足以翻天覆地，疯狂生长的草将又一次洗刷我的眼睛。所有这一切，让我在料峭春寒时浑身打战，逼出了眼泪。我真想一一记下它们，聆听那些静默的法桐和柏杨，和每一个陌生的人说话，倾听他们的故事，了解他们的去向……

毫无疑问，这几年里有一种重要的东西在我身上悄悄变化，从某种怀疑主义到某种“信徒”；世界也在我眼里发生变化，曾经它呈现裂隙如同深渊，现在它坚实如我脚下的大地，而不久我将踏上它远行，开始新的工作、生活。这篇论文，算是对它们的一个小结，在别人那里它只是一些陌生的符号，一个晦暗的文字黑洞——它的确曾经彻底地把我淹没；但它对我自己来说却又是一个交代，它让我看到了很多东西：关于万物的生长，关于世界的因缘，关于宇宙的本体……它也将成为我的一个阿基米德点，因它而相信，因它而行动，因它而撬动。

重读这些文字，那时的生活处境和内心感受又浮现眼前，它带着青涩，带着兴奋和激动，同时，也饱含确信和笃定——这是由几年来的学习和思考带来的。而这篇论文，就是那几年学思的一个总结：它是一项研究的总结，针对一个严肃的学术问题，试图提出自己的看法；同时也是一种生活意义的寻求和确证，面向严肃的人生问题，面对我自己积郁多年的困惑。

2

问题和困惑，首先来自我的大学时期。不同于被高墙阻隔，贫乏、单调乃至压迫、分裂的中学生活，大学突然不一样了，没有围墙，没有禁忌，前所未有的释放、舒展，各种声音、色彩以及虚拟世界无遮掩地敞开。于我而言，这个斑斓的世界令人感到新奇、亢奋乃至震动，它让我毫无准备地打开了眼睛，投入一个全新的、无限可能的世界。

由此，我也得以沉浸于全新的阅读中。中学时因《淑女》而来的震撼得到延续，我系统地接触了陀思妥耶夫斯基，之后又由他投入索尔仁尼琴，大二时疯狂地进入卡夫卡的世界……这种阅读是代入式的，我将自己投射于作者与他笔下的人物，无法从中抽身，无法区分艺术和现实，小说中的人物和世界都摇身一变，成为我，成为我的生活："白痴"梅什金公爵的精神疾病，大学生拉斯科尔尼科夫的罪与罚，K那渴望进入却永远无法进入的悖论的城堡，饥饿艺术家悬于生死边缘的艺术极限……这一切都仿若在我身上重叠和交响。这不计一切、纵身一跃式的"混沌阅读"——非沾沾自喜的分析阅读，让我得以突破生活的平静表面，体验世界真实的层次和力量，进入汹涌的存在本身。

这一切，给我留下了无数模糊、巨大的问号，于是，我由王国维和叔本华开始，又经历了众多闻所未闻的思想的奇幻漂流，尼采、海德格尔、德里达，本质主义、乌托邦思想、存在哲学、怀疑主义，乃至基督教和佛学……我过客一般汲汲于阅读所有我见到的陌生名字，所有我不知道的思想浪潮，不断受阻，又不断热切地奋起冲击。那时，仿如赤子一般，我全力打开、放空，任那些漩涡般的思想在我大脑的白板上肆意涂抹，我努力伸展身上所有的神经突触，以感知、呼应我所触及的一切新思想，希望将它们一一吸纳。

然而，并不是所有的问题都有答案，并不是所有思想都和谐共生，感性与理性，一元与多元，传统与现代，绝对主义与怀疑主义，保守主义与激进主义，宗教世界与世俗生活，苦修主义与纵欲主义……五彩世界、多样话语、多元价值，在那时的我看来，它们似乎都有自身的合理性和自洽的逻辑，然而它们似乎又在彼此矛盾和冲突着。与此同时，大学弥漫的精致的利己主义、精算的市侩气、世俗的人情世故，乃至现实的压力，时时在周围侵袭、挑拨。自我、现实与一知半解的思想奔流的波澜，所有这些都斑驳地夹杂在一起，在我的生活中作用，让我陷入、困惑，终至怀疑生活、经验，乃至自我怀疑。仿佛浩渺大海中被抛掷、飞散的一滴水，无边沙漠中被炙晒得滚烫的一粒沙，我变得不安不已。

不过，我并没有怀疑阅读本身，而是企望通过阅读来回答——最终，我在《论语》里窥到了一种安稳的力量，获得了暂时的平静。几年来的思想激流让我相信，若无法洞悉那带来安稳的力量的隐秘核心，来自怀疑的深渊还将望向我。于是，大学毕业后，我选择了继续学习。

3

在山东，我度过了珍贵的三年。山大的洪楼校区，一群散落的旧时楼房绕着民国时期的天主教堂，低矮的楼层，温和的灰色墙面和红色屋顶，灰白树干的法桐，肥胖的麻雀和灰喜鹊，春天里漫天飞舞的杨絮——这里安静而平和，淡然而与世无争，低矮的围墙抵御着外面的流行、速度和嘈杂，让一切惊奇在里面平缓地展开。

在这里，我有了更精细的专业，有了13个朝夕相处的同学以及众多师兄弟，有了固定的学研场所，有了严苛的老师，他们对哲学专一，严肃、节制如僧侣一般……友善、虔信的环境，这一切，让书本不再显得与现实断裂，沉思不需要面对虚浮的质疑，书本、思想与现实圆融，我不再迷惑、纷扰于周围的嘈杂，单纯的执念获得了额外的授权，变得坚定。更为重要的是，同学们或深研道德的深度，或执迷于卦画的迷宫，大家探赜索隐、钩深致远，攻占着自己的城堡，却又志同道合，成为一个真诚、热烈、纯粹的团体。个人，不再需要孤独地对抗世界。

在这样的环境中，我开始了近乎疯狂的阅读：每天早晨八点多，我都将穿过那片白杨和法桐交织的小树林，经过一条穿校而过的小清河到院里，在那间教研室里，除了午餐、午休和晚餐，直到晚上关灯，都是我的阅读时间。这并不是偶尔为之，三年来，除了每两三天一次运动，偶尔逛一次书店，很少中断。而放假时间，我也得益于院里看门老大爷的“法外开恩”——他对我说，只要他在，任何时候，哲社楼都向我开放——这种状态，乃至除夕夜也能继续。

不像大学那样，于浮光掠影之间学海“泛”舟，我的阅读更为专注。第一年，我集中阅读原始经典，重读四书、十三经和先秦诸子中的重要部分，后来是宋明理学中的部分代表作，系统而具体地感受了中国古代经典的魅力。第一年到第二年，受益于几位师兄——方法上以及资料上，我接近了哲学家牟宗三,一年多时间里，我细致阅读了他的大部分代表作，小学生般做了多本笔记，通过牟宗三，我又阅读了徐复观、唐君毅、熊十力、马一浮等新儒家。这个时期，我对于原始经典的理解有了本质上的进阶，尤其是牟宗三对经典的细读式研究，让我茅塞顿开，对儒家义理有了比较系统深入的理解，儒家的大门向我敞开了。

本书便是我那时系统学习儒家哲学，并终于获得笃信的总结。正如本书中所展开的，中国哲学，尤其是儒家的道德哲学，它作为宇宙本体与生活准则的统一，实然与应然的统一，超越与内在的统一，个体与集体的统一，传承性与创造性的统一，作为人生价值的根源，让我“从某种怀疑主义到某种‘信徒’”，“一种重要的东西在我身上悄悄变化”。彼时现实与思想交缠的困惑，世界的破碎感乃至怀疑主义，都由中国古代的道德观念予以解决。世界不再是一个紊乱无序、平凡死寂的空间：天道—道德，让曾经的“摇晃的世界”成为“一片坚实的土地”，一切得到了定准！

三年的阅读和学习，是我对意义的寻求和确证的过程，它让我释然，不管是“晦暗的黑洞”，还是“云端”“苍茫的天空”，都是被意义笼罩的崭新的世界，从而，我获得信心迈入社会，进入了生活的跑道。

4

2009年我开始工作，先是辗转于海南和湖南，2010年底到广西，开始从事出版。工作，也让我立于现实，反思哲学、文学与政治、历史的关系。如果说大学让我打开迷乱之眼，山东三年是在思想云层上高蹈，那么这十余年来则让我认识到，观念的差异并非概念的游戏、言辞的诡辩，当它们作用于现实，将导致截然不同的世界；而与此同时，现实世界——浩渺时空中的每一个瞬间，这个世界的所有色彩、声音，乃至不幸和痛苦——都是自足自存的。它让我认识到现实的坚实质地，认识到它挟裹人、塑造人、不可篡改的力量。

这些，让我对“历史”二字、对牟宗三所说的历史是一个“综合词”等，有了真实的理解。同样，这也让我对海德格尔哲学有了新的认识——它用“存在”代替“历史”概念，曾经我将中国的“道”与它等量齐观，而工作后我才意识到它们的不同。海德格尔的哲学是面向存在、“尊重”存在的哲学，所以萨特明示“存在主义是一种人道主义”，然而，“存在”所尊重的，是没有道德伦理属性的，存在哲学并非基于社会建构的伦理学、政治学，所以施特劳斯将它视为一种可疑的哲学。而中国古代的“道”，它作为施行于生活的观念，为人提供了巨大的支撑力量，但同时，它作为由存在之物指向绝对和超越的指针，又是骄傲的、自大的。恰如阳光普照万物，你却将目光更多聚焦于那发光体，而遗忘了它所照亮的事物，忽略那生动而斑斓的世界。

执定的观念如满身硬刺的刺猬，希望以不变应万变，为人提供一个“安全屋”。但是，它许诺的安全是真实的吗？经验世界千变万化，无处不在的偶然性，原子变量一般的不确定性，不可控制的意外、不幸和苦难让我们看到观念的无力，让我们怀疑绝对和必然。当你一直盯着太阳，它的光芒会将你灼伤，你会像泰利斯那样，因只顾仰头看天而跌进路旁的水井里。同时，这种安全真的是人们需要的吗？“真理”是绝对的、确定的，但也是单一的、无趣的，像某位哲学家说的那样，所谓天堂就是坐在海边喝喝茶晒晒太阳，它不过是另一种枯燥的生活而已。所以，伯林引用怀特海名言“寻求单纯，避免单纯”，然后说：“你必须寻求单纯，但是又要惧怕它，必须是不太单纯的。……我不愿意这世界太整洁……我要例外、奇迹、偶然的拐弯。”[1]正因这种偏移、曲折和拐弯，世间变得多元、新奇，有了别样的光彩。伯林让人尊重世界的丰富性和多元性，而无数艺术家、诗人笔下描绘的五彩世界，让我们看到存在自身的光亮，看到事物的自足性。否则，这个世界就太灰暗了，它是真理的真空。

所以，从大学到研究生再到工作，我经历了一种认知的“辩证法”：从陷入破碎、冲突、杂多的困扰，到对统一、绝对、超越的追求，再到现在，学会面对这个多元的世界，一个有着“例外、奇迹、偶然的拐弯”的世界（也是一个不确定与不幸的世界）。而我也越来越意识到，我所经历的这种“辩证法”，我所面对的这些问题，也许具有共享的、一般性的意义，所以，从本论文主题偏出，我在书后加上了一段“不和谐音”：这篇长长的“后记”，以及我对爱尔兰诗人叶芝《天青石雕》一诗的分析——他对人类文化（包括中国文化）有效性的反思，作为对论文的一个补充。

5

以赛亚·伯林有一段描述浪漫主义的文字，华丽而雄辩，我

[1] 以赛亚·伯林、贝阿塔·波兰诺夫斯卡-塞古尔斯卡:《未完的对话》，杨德友译，南京：译林出版社，2014，第132页。

觉得它也适于描述我们这个多义的世界，所以特省略主语，引述如下：

……是原始的、粗野的，它是青春，是自然的人对于生活丰富的感知，但它也是病弱苍白的，是热病、是疾病（the maladie de siècle）、是堕落，是世纪病，是无情的美女（la belle dame sans merci），是死亡之舞，其实就是死亡本身。是雪莱描绘的彩色玻璃的圆屋顶，也是他永恒的白色光芒，是生活斑斓的丰富，是生活的丰盈（fülle des lebens），是不可穷尽的多样性，是骚动、暴力、冲突、混沌；它又是安详，是大写的“我是”的合一，是自然秩序的和谐一致，是天穹的音乐，是融入永恒的无所不包的精神。它是陌生的、异国情调的、奇异的、神秘的、超自然的；是废墟，是月光，是中魔的城堡，是狩猎的号角，是精灵，是巨人，是狮身鹫首的怪兽，是飞瀑，是弗洛斯河上古老的磨坊，是黑暗和黑暗的力量，是幽灵，是吸血鬼，是不可名状的恐惧，是非理性，是不可言说的东西。它又是令人感到亲切的，是对自己的独特传统一种熟知的感觉，是对日常生活中愉快事物的欢悦，是习以为常的视景，是知足的、单纯的、乡村民歌的声景——是面带玫瑰红晕的田野之子的健康快乐的智慧。它是远古的、历史的，是哥特大教堂，是暮霭中的古迹，是久远的家世，是不可分析的、人们愿意信守却无法表达出来的旧秩序，是摸不到、估不出的事物。它又是求新变异，是革命性的变化，是对短暂性的关注，是对活在当下的渴望，它拒绝知识，无视过去和将来，它是快乐而天真的乡村牧歌，是对瞬间的喜悦，是对永恒的意识。它是怀旧，是幻想，是迷醉的梦，是甜美的忧郁和苦涩的忧郁，是孤独，是放逐的苦痛，是被隔绝的感觉，是漫游于遥远的远方，特别是东方，漫游于遥远的时代，特别是中世纪。但它也是愉快的合作，一起投身于共同的创造之中，是对自己身在某个教会、某个阶级、某个党派、某个传统和某个伟大的、无所不包的、秩序井然的等级之中的意识，身在骑士、扈从、教会的等级之中、有机社会的关系之中或某个神秘的组织之中的意识，正如巴雷斯所说，“大地与死者（la terre et les morts）”，是身在共享一种信念、共居一片土地、共流一样血液、共有一样的祖先、同侪和后代的伟大社会之中的意识。它是司各特、骚塞、华兹华斯的保守主义，也是雪莱、毕希纳和司汤达的激进主义；是夏多布里昂美学意味的中世纪精神，也是米舍莱对于中世纪的厌恶；它是卡莱尔对权威的崇拜，也是雨果对于权威的憎恨；它是极端的自然神秘主义，也是反自然主义的极端唯美主义；它是能量、力量、意志、青春，是自我的展现，它也是自虐、自残、自杀；它是原始的、单纯的，是自然的胸怀，是绿色的田野，是母牛的颈铃，是涓涓小溪，是无垠的蓝天。然而，它也是纨绔主义，是打扮的欲望。红色的背心，绿色的假发，染成蓝色的头发，这就是热拉尔·德·内瓦尔的追随者某个时期招摇巴黎街头的行头。它是内瓦尔在巴黎街头用线拽着溜达的龙虾。……是爱出风头的，是怪癖，是为《欧那尼》一剧而战的战场，是倦怠，是生之厌倦，是萨丹纳帕路斯之死，不管是德拉克洛瓦的绘画、柏辽兹的音乐还是拜伦的诗所描述的萨丹纳帕路斯之死。它是帝国、战争、屠杀，是不同世界的冲突。它是浪漫主义的英雄——反叛者，厄运缠身的人（l'homme fatal），受诅咒的灵魂，是海盗、曼弗雷德们、异教徒们、拉腊们、该隐，是拜伦诗中的那些英雄。它是梅莫斯，是让·索伯格，所有被驱逐的人和伊什梅尔们，所有处于十九世纪小说中心地位的纯洁的高等妓女和心智高尚的罪犯。它以人头为酒杯醉饮，它是想要攀登维苏埃火山与同类灵魂对话的柏辽兹，它是撒旦的狂欢，是愤世嫉俗的讽刺，是魔鬼般的笑声，是黑色的英雄。它也是布莱克想象中的上帝和他的天使，是伟大的基督教社会，永恒的秩序和“不足以表达基督灵魂的无限与永恒的布满繁星的天空”。简言之，……是统一性和多样性。它是对独特细节的逼真再现，比如那些逼真的自然绘画；也是神秘模糊、令人悸动的勾勒。它是美，也是丑；它是为艺术而艺术，也是拯救社会的工具；它是有力的，也是软弱的；它是个人主义的，也是集体主义的；它是纯洁也是堕落，是革命也是反动，是和平也是战争，是对生命的爱也是对死亡的爱。[1]

6

本书是由我的论文修改而成。在论文的阅读和修改中，山大的种种记忆又浮现出来，它是我度过的一段极为珍贵而美好的时光。

仍然要感谢我的导师刘保贞老师，刘老师性格温和、亲切和蔼，他在三年里关心我、指导我，宽容着我的种种不逊和鲁莽，赋予我充分的自主性，给我以巨大的支持和鼓励，这本书的字里行间也有他的汗水。感谢王新春老师，几年来他对儒家的专一、执着，以及他的儒者风范在我心里是光辉的，带给我们熏陶和洗礼；还有谢文郁老师，在做学问的严格性和逻辑性上让我受益匪

[1] 以赛亚·伯林:《浪漫主义的根源》，吕梁、洪丽娟、孙易译，南京：译林出版社，2011，第23—25页。

浅，通过近一年的亲炙，他的生存分析法和文本细读法，影响了我对哲学的思考方式。

还要感谢周易研究中心的刘大钧先生、林忠军老师、刘玉建老师、李尚信老师，哲社学院的丁原明老师、颜炳罡老师、苗润田老师、沈顺福老师、陈坚老师，他们传道授业，让我受用不浅。他们也都直接或间接地影响了我论文的选题和写作。而最为珍贵的，是三年来相互陪伴、志同道合的十三个同好，马慧、王正、王玉彬、王先亮、王珅珅、刘金芳、张沛、邹晓东、杨颖川、洪兆旭、郭永振、高源贵、崔伟，此外还有院里的其他众多同好以及师兄弟姐妹，大家温和、友善，相互砥砺，这共同形成了一股团结的力量，真实而美好！

感谢那三年里始终陪伴我的中外圣哲，尤其是感谢将我引入儒家哲学大门的牟宗三先生，感谢每天晚上在枕边陪伴我的中外现代诗人，感谢校园里那些道旁树，那些天空中的灰色喜鹊，以及寒冬里在学院门前盛开的蜡梅，它们伴随我一起度过很多的孤独，馈赠给我一次次惊喜，我简单的生活因之丰满和生动。

这篇论文是对自己多年前学思的一种总结，时隔十余年，它是否还有公开出版的价值？是否是一种敝帚自珍？对此我心里惴惴的。于是，我将它发给了自己的同窗好友王正、王玉彬、李细成，他们现今都是从事中国哲学教学研究的优秀学者，令人欣慰的是，他们给出了肯定的意见，认为它提供了一个思路，仍具有一定参考意义。他们还从架构、观点乃至诸多细节，提出了宝贵意见，这让我下定决心，毅然决定修改和出版它。特别谢谢三位好友的专业和友谊！

出版诸多不易，因此，最后，我还要谢谢中华书局俞国林老师和高天老师为拙作的出版付出的辛劳，谢谢他们细致而专业的工作。中华书局是研究中国文化绕不开的，这本关于中国哲学的小书能与中华书局结缘，非常高兴。

也很高兴，能以出版的形式将所有这一切沉淀。

2022 年春